熊本・大分＆南九州
ご朱印めぐり旅
乙女の寺社案内

「旅ムック」編集部 著

メイツ出版

もくじ

熊本MAP …… 4
大分・南九州MAP …… 6
参拝のマナー …… 8
ご朱印のいただき方 …… 9
ご朱印の見方 …… 10
本書の使い方 …… 11

熊本

加藤神社 …… 12
熊本城稲荷神社 …… 14
熊本県護国神社 …… 16
藤崎八旛宮 …… 18
出水神社(水前寺成趣園鎮座) …… 20
代継宮 …… 22
本妙寺 …… 24
北岡神社 …… 26
髙橋稲荷神社 …… 28
雲巌禅寺(岩戸観音) …… 30

健軍神社 …… 32
河尻神宮 …… 34
浮島熊野坐神社 …… 36
足手荒神(甲斐神社) …… 38
熊本市・近郊 よりみちガイド …… 40
幣立神宮 …… 44
小一領神社 …… 46
阿蘇山本堂西巖殿寺 奥之院 …… 48
草部吉見神社 …… 50
阿蘇白水龍神權現 …… 52
大津日吉神社 …… 54
蓮華院誕生寺 奥之院 …… 56
大宮神社 …… 58
護国山 金剛乗寺 …… 60
阿蘇・熊本県北 よりみちガイド …… 62
粟嶋神社 …… 64
八代神社 …… 66
八代宮 …… 68

青井阿蘇神社 …… 70
永国寺 …… 72
グッズ特集 …… 74

大分

柞原八幡宮 …… 76
西寒多神社 …… 78
早吸日女神社 …… 80
中津大神宮 …… 82
宇佐神宮 …… 84
富貴寺 …… 86
火男火賣神社 …… 88
龍巖山 佛山寺 …… 90
大分 よりみちガイド …… 92

宮崎

宮崎神宮 …… 94
青島神社 …… 96
鵜戸神宮 …… 98
榎原神社 …… 100

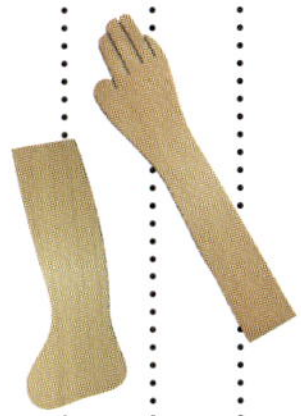

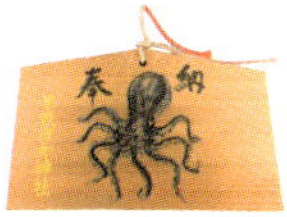

高千穂神社 …… 102
天岩戸神社 …… 104
都農神社 …… 106
宮崎 よりみちガイド …… 108

鹿児島

照國神社 …… 110
松原神社 …… 112
豊玉姫神社 …… 114
枚聞神社 …… 116
霧島神宮 …… 118
蒲生八幡神社 …… 120
箱崎八幡神社 …… 122
鹿児島 よりみちガイド …… 124
インデックス …… 126
奥付 …… 128

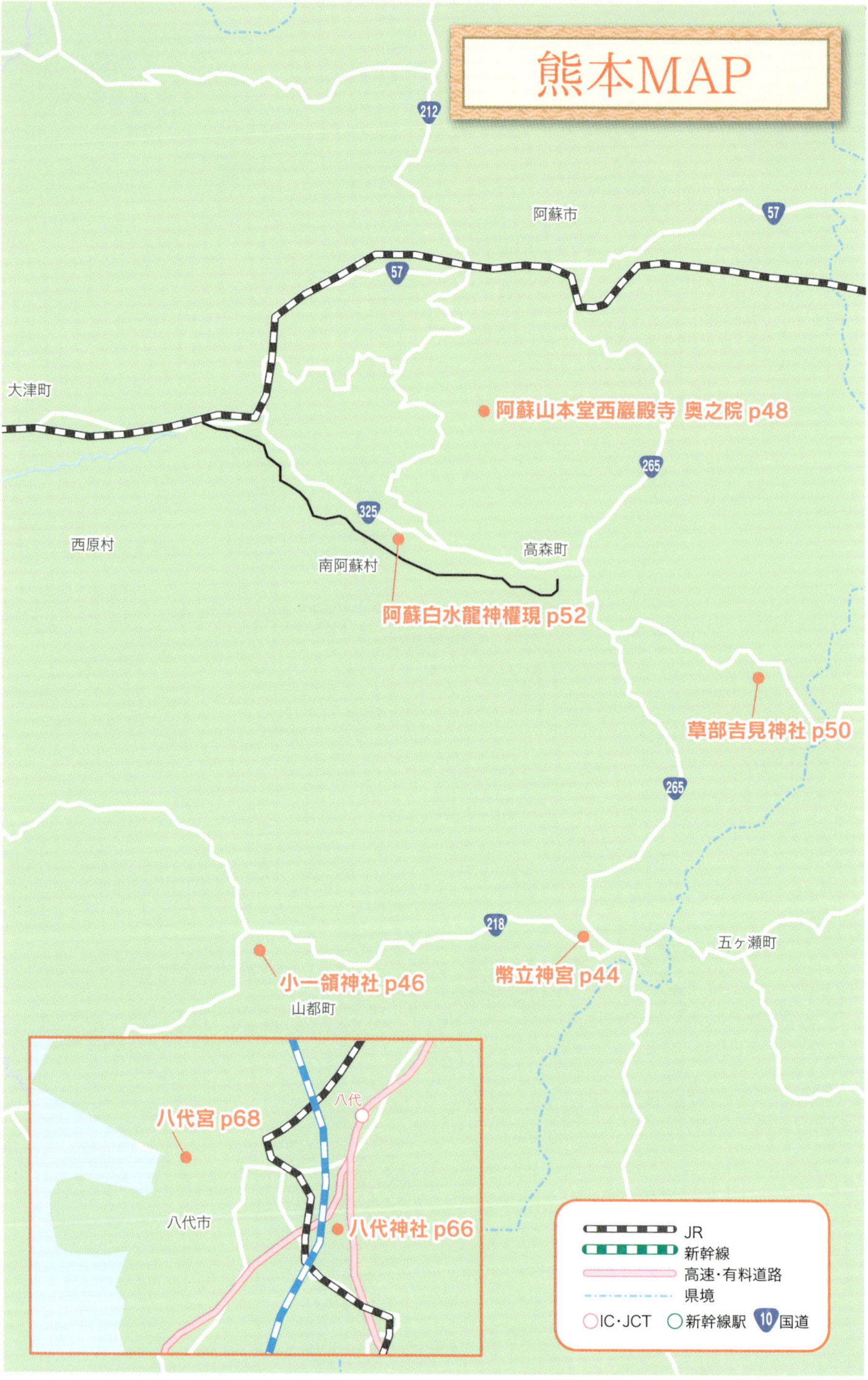
熊本MAP
212
阿蘇市
57
57
大津町
阿蘇山本堂西巖殿寺 奥之院 p48
265
325
西原村
高森町
南阿蘇村
阿蘇白水龍神權現 p52
草部吉見神社 p50
265
218
五ヶ瀬町
小一領神社 p46
幣立神宮 p44
山都町
八代
八代宮 p68
八代市
八代神社 p66
JR
新幹線
高速・有料道路
県境
IC・JCT
新幹線駅
10
国道

山鹿市
護国山 金剛乗寺 p60
大宮神社 p58
菊水
和水町
325
菊池市
蓮華院誕生寺 奥之院 p56
387
玉名市
植木
玉東町
208
大津日吉神社 p54
合志市
熊本県護国神社 p16
加藤神社 p12
熊本城稲荷神社 p14
3
菊陽町
443
代継宮 p22
熊本
雲巌禅寺（岩戸観音）p30
57
本妙寺 p24
藤崎八旛宮 p18
熊本市
出水神社（水前寺成趣園鎮座）p20
髙橋稲荷神社 p28
益城熊本空港
益城町
健軍神社 p32
北岡神社 p26
浮島熊野坐神社 p36
足手荒神（甲斐神社）p38
御船
河尻神宮 p34
粟嶋神社 p64
445
御船町
3
266
人吉
445
人吉市
青井阿蘇神社 p70
永国寺 p72
221

大分MAP
JR
新幹線
高速・有料道路
県境
IC・JCT
新幹線駅
10 国道
周防灘
中津大神宮 p82
宇佐神宮 p84
国東市
中津市
富貴寺 p86
豊前市
豊後高田市
宇佐
宇佐市
宇佐別府道路
速見
日出バイパス
杵築市
日出JCT
別府湾
火男火賣神社 p88
柞原八幡宮 p76
別府市
大分市
早吸日女神社 p80
湯布院
由布市
大分
大分米良
臼杵湾
西寒多神社 p78
龍義山 佛山寺 p90
臼杵市
津久見
大分県
津久見市
佐伯湾
竹田市
豊後大野市
佐伯IC
阿蘇市
佐伯市
延岡南IC
延岡市
延岡南道路
門川
213
10
500
212
387
210
217
442
502
57
265
325
326
388
218
503
327

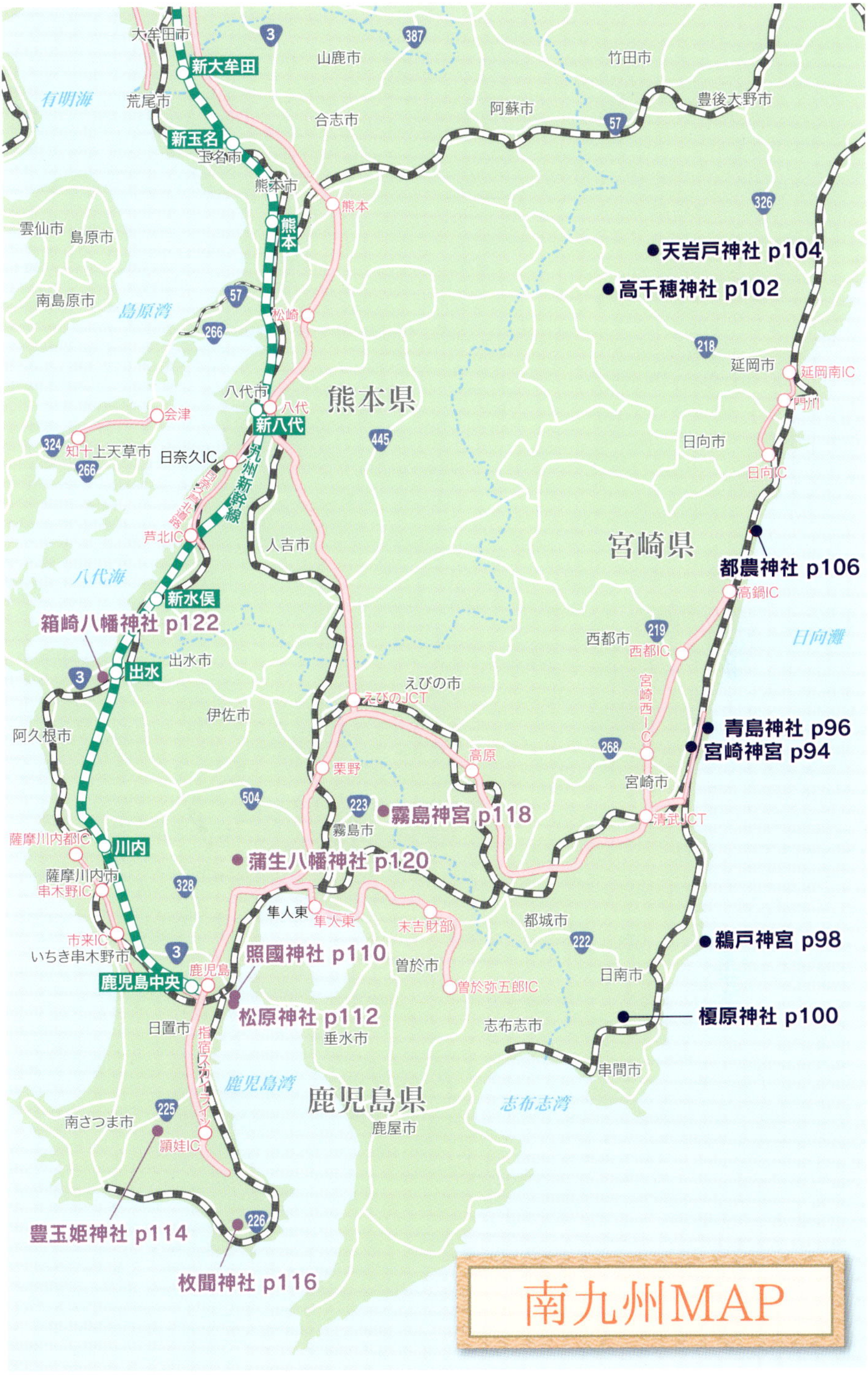
南九州MAP
天岩戸神社 p104
高千穂神社 p102
都農神社 p106
青島神社 p96
宮崎神宮 p94
鵜戸神宮 p98
榎原神社 p100
霧島神宮 p118
蒲生八幡神社 p120
照國神社 p110
松原神社 p112
箱崎八幡神社 p122
豊玉姫神社 p114
枚聞神社 p116
熊本県
宮崎県
鹿児島県
有明海
島原湾
八代海
鹿児島湾
志布志湾
日向灘
九州新幹線
新大牟田
新玉名
熊本
新八代
新水俣
出水
川内
鹿児島中央
大牟田市
荒尾市
玉名市
熊本市
山鹿市
合志市
阿蘇市
竹田市
豊後大野市
雲仙市
島原市
南島原市
八代市
上天草市
人吉市
出水市
伊佐市
阿久根市
えびの市
霧島市
薩摩川内市
いちき串木野市
日置市
南さつま市
垂水市
曽於市
都城市
志布志市
鹿屋市
日南市
串間市
宮崎市
西都市
日向市
延岡市
熊本
松崎
八代
日奈久IC
芦北IC
会津
知十
えびのJCT
栗野
高原
清武JCT
隼人東
末吉財部
曽於弥五郎IC
鹿児島
薩摩川内都IC
串木野IC
市来IC
頴娃IC
延岡南IC
門川
日向IC
高鍋IC
西都IC
宮崎西IC
指宿スカイライン
3
387
57
326
266
218
445
324
219
268
504
223
328
222
225
226

参拝のマナー

参拝に行く前の予習

不敬にならない服装で

正装でなくても良いのですが、神様や仏様に失礼のないよう、カジュアルすぎるものや、露出の多いものは避け清潔感の有る服装がよいでしょう。

ご朱印の受付時間は要確認

ご朱印をいただける曜日や時間が決められていますので、あらかじめ確認していきましょう。また、葬儀や神事の最中や休憩時間などは時間内でもいただけない場合もあります。

ご朱印帳を準備

ご朱印をいただく際はご朱印帳を準備しましょう。ご朱印帳は文房具店や書店などでも購入できますが、オリジナルのご朱印帳を作っている神社・お寺も多くあります。それぞれの由緒や御祭神・御本尊に関する様々な絵柄が描かれているので、ご朱印帳にも注目するとご朱印めぐりがより一層楽しくなるでしょう。

神社の場合

一 鳥居で一礼します

鳥居の前できちんと立ち止まり軽く一礼して、神様に敬意をしめしてからくぐりましょう。参拝後も振り返って一礼をしましょう。脱帽も忘れずに。

二 参道では真ん中を歩かず道の端を歩きましょう

参道の中央は正中といって神様の通り道です。邪魔にならないように左右どちらかに寄って歩きましょう。

三 手水舎・御手洗で心身を清めます

①右手で柄杓(ひしゃく)を持ち水を汲んで左手を清めます。②柄杓を左手に持ちかえ右手を清めます。③再度柄杓を右手に持ちかえ、左の手の平に水を溜めその水で口をすすぎます。※柄杓に直接口をつけてはダメですよ。④柄杓の柄を縦にして残った水で柄を洗い流して清め、元の位置に伏せて戻します。

四 お賽銭を納める

お賽銭は投げずにそっと入れましょう。鈴がある場合は鳴らします。

五 二礼二拍手一礼

二回深く頭を下げて礼をし(二礼)、二回柏手を打ち(二拍手)、手を合わせてお祈りや願い事をしたら最後に深く礼(一礼)をします。神社によっては作法が異なる場合もあります。

協力／加藤神社

ご朱印とは

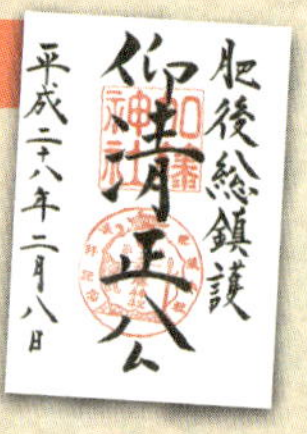

ご朱印は、元々お寺に参拝した際に写経をして、それを奉納した証としていただけるものでした。現在は初穂料・納経料を納めればいただくことができますが、ご朱印めぐりを単なるスタンプラリーの様に考えてはいけません。ご朱印に押される印はそれ自体が神様・仏様の分身のようなものです。神様や仏様をはじめ、書いていただいた神社やお寺の方に感謝をしてご朱印巡りをしましょう。

寺院の場合

一 山門で合掌または一礼

山門の前できちんと立ち止まり軽く一礼または合掌しましょう。数珠があればつけて合掌しましょう。参拝後も振り返って一礼または合掌しましょう。脱帽も忘れずに。

二 手水舎・御手洗で心身を清めます

作法は神社の場合と同じです。

三 お灯明やお線香がある場合は納めます

献灯や献香をする際は種火または直接つけるようにしましょう。他の参拝者の灯明から火をもらい受けると縁起が悪いと言われているので注意しましょう。ない場合は省略します。

四 心穏やかに静かにお参り

軽く一礼しお賽銭を納めて静かに合掌して祈願します。数珠があればつけて合掌しましょう。最後に軽く一礼します。

協力／本妙寺

ご朱印のいただき方

一 ご朱印をいただきに

参拝をすませたら、納経所や社務所・寺務所に行きましょう。朱印所や授与所となっている場合もあります。

二 スムーズに

書いてほしいページを開いて渡しましょう。ご朱印の料金は、おつりが出ないよう小銭を用意しておくといいですね。

三 静かに待って質問は最後に

心を込めて書いていただいているので、静かに待ちましょう。質問は両手でご朱印帳を受け取ってから。

注意事項

○ご朱印は必ずしも書き手がいつも同じ方であるとは限りません。特に大きな寺社では、ご朱印担当のスタッフがたくさんいらっしゃいます。同じ神社のご朱印でも、書き手によって違って見えることもあります。この本に記載しているご朱印と同じご朱印をいただけるとは限りませんので、あらかじめご了承ください。

○ご朱印をいただくために、いろいろな場所に持ち運ぶご朱印帳。かばんの中でこすれて傷んだりしないように、カバーや袋があると便利です。また、本来は仏壇や神棚などで保管するのが望ましいですが、本棚の一角など分かりやすい場所に保管しても良いです。くれぐれも大切に保管して粗末な扱いにならないように気をつけてください。

ご朱印の見方

神社編 ～健軍神社の場合～

奉拝の字

「奉拝」は「参拝させていただきました」の意味です。

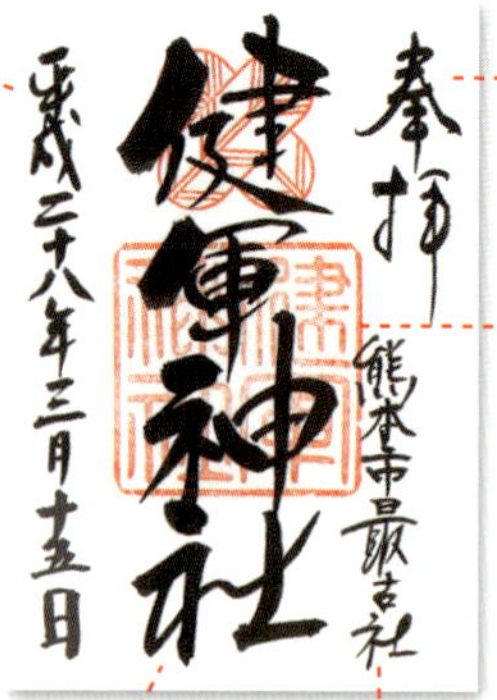

神社の印

神社名が刻まれた印です。このほか、神社の家紋にあたる社紋や祭神にゆかりの紋などが押される場合があります。

その他

神社にゆかりのある出来事などが書かれる場合があります。

神社名など

神社の名称や祭神の名称などが書かれています。神社の朱印だけが押される場合もあります。

日付

参拝した年月日が入ります。

寺院編 ～永国寺の場合～

奉拝・札所

「奉拝」は「参拝させていただきました」の意味です。朱印は、寺院の俗称や「九州八十八ヶ所百八霊場」など札所霊場の札所番号が押されます。

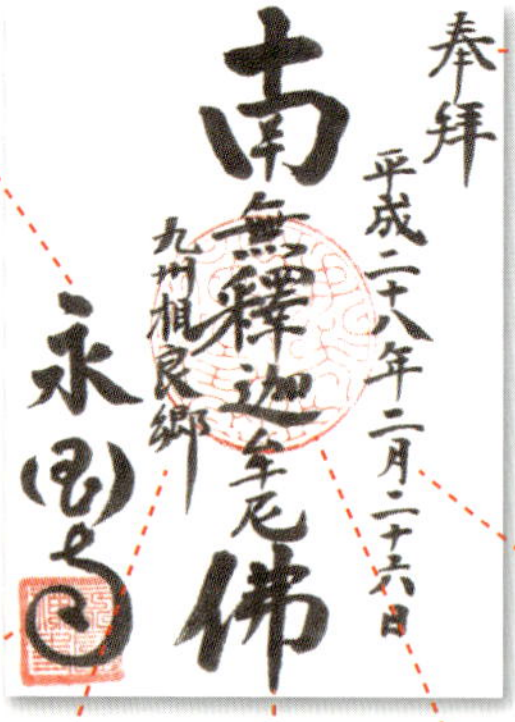

日付

参拝した年月日が入ります。

印

ご本尊を示す梵字(古代インドで使われていた文字)で表した印や、ご宝印・三宝印(仏・法・僧を意味する印)などが押されます。

中央の文字

ご本尊名や御堂印、本堂の別称などが入ります。

その他

神社にゆかりのある出来事などが書かれる場合があります。

寺院の印

寺院名の朱印です。山号を彫った印もあります。四角形が一般的です。

寺院名

寺院や山号(寺院につける称号。その所在地の山の名など)の名称が書かれています。

本書の使い方

① エリア

熊本県、大分県、宮崎県、鹿児島県の4つのエリアです。

② 寺社名

神社・寺院の名称と読み方です。

③ メイン写真

社殿や本堂など、その寺社を象徴する写真です。

④ インフォメーション

電話番号・住所・参拝時間・参拝料・駐車場・HPを紹介しています。

⑤ アイコン

国宝や国の重要文化財に指定されている寺社のアイコンです。

⑥ 本文

由緒、ご利益、周辺の環境、境内の雰囲気など、寺社の特徴を紹介しています。

⑦ 境内のココに注目!

その寺社でおすすめの境内注目ポイントを紹介しています。

⑧ ご朱印

ご朱印の解説、ご朱印料・拝受時間を記しています。

⑨ ピックアップ写真

ご朱印帳やお守り、絵馬等の授与品、その他見どころなど、寺社の魅力を紹介しています。

⑩ クローズアップ写真

その寺社の注目して欲しい見どころを紹介しています。

⑪ 交通アクセス及び小マップ

最寄りの公共交通機関などからの目安となる時間を表記しています。また、寺社周辺の詳細な地図は道路やランドマークを簡略化して表記しています。

※本書に記載した情報は、すべて2016年3月現在のものです。グッズや値段、参拝時間の内容などが変更になる場合があります。事前にお問い合わせください。
※掲載順は、順不同になっています。特定の寺社をお探しの場合は、INDEX（p.126～p.127）をご覧ください。
※商品の値段は数量が明記されている場合を除き、全て1個の値段（税込み）です。詳細は各寺社に、お問い合わせください。

境内は熊本城近望の場所としても知られ、絶好の撮影スポットでもある。

熊本県

加藤神社

カトウジンジャ

熊本発展の礎を築いた加藤清正を祀る肥後総鎮守

戦国の武将・加藤清正は、日本三名城の一つである熊本城の築城や県下全域にわたる土木・治水工事、開拓、干拓など、現代にまでつながる熊本発展の礎を築いた人物。いわば熊本にとっての大恩人である清正を主祭神に、清正に殉死した大木《おおき》兼能《かねよし》、朝鮮人の金宦《きんかん》が合わせて祀られている。明治4年（1871）の神仏分離令で廟地より熊本城内に移され、創建時は「錦山神社」と称されていた。その後京町台へ移り、昭和37年（1962）に現在地へ遷宮された。

豊臣秀吉が朝鮮出兵した際の武勲や虎退治の逸話から名将として知られ、勝負事の神様としても信仰が篤く、建築・土木の神様としても有名。熊本で数々の偉業を遺した清正は、今も清正公（せいしょこ）さんと県民に敬愛され、多くの崇敬を集めており、毎年7月の第4土・日曜に行われる清正公まつりは、多くの人で賑わう。

Information

電話　096-352-7316
住所　熊本県熊本市中央区本丸2-1
参拝時間　参拝自由（授与所8:00〜17:00）
参拝料　なし
駐車場　30台（500円。参拝のみ無料）
HP　http://www.kato-jinja.or.jp

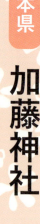

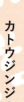

境内のココに注目!

樹齢400年あまりの大銀杏

熊本城築城の際に、天守閣前の大銀杏とともに清正がお手植えされたという。秋になると黄金に色づく様がとても美しい。

PICK UP

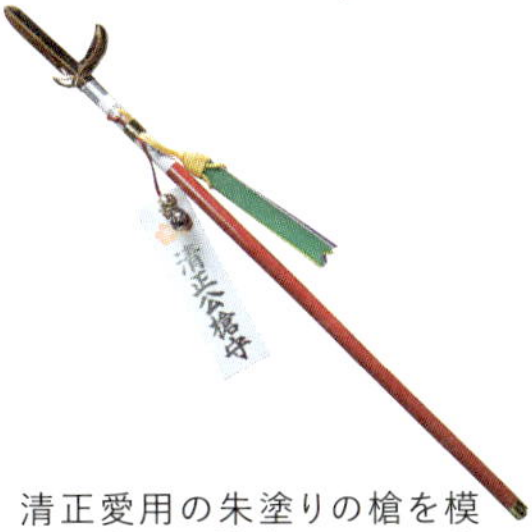

清正愛用の朱塗りの槍を模した清正公槍守1,000円。家内安全の守り。

神社と熊本城が切り絵風に描かれた表紙のご朱印帳1,000円。

勝負の神らしい雄々しい図柄の勝進守ほか、厄除等のお守りも。各800円。

ご朱印

中央の仰清正公の文字は、「清正公を敬う」という意味。その背景に神社名の印と参拝記念の印が入り、右肩に肥後総鎮護の文字。

ご朱印料 … 300円
拝受時間 … 8:00～17:00

ACCESS

電車 路面電車「熊本城・市役所前」電停下車、徒歩で約9分

車 九州自動車道「熊本」ICから車で約20分

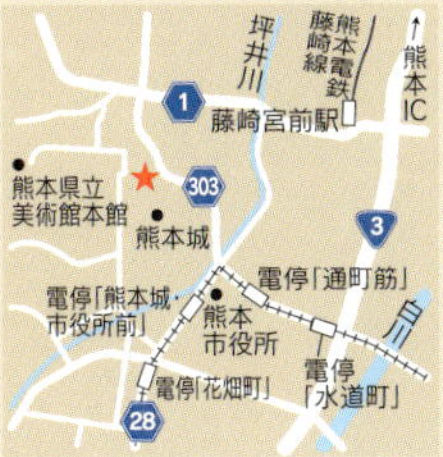

境内から望む宇土櫓と天守閣。この風景は加藤神社ならでは。

文禄の役で持ち帰られた太鼓橋は出世橋とも言われる。

朝鮮出兵の際、陣に置かれたという旗を立てた旗立石。

熊本県

熊本城稲荷神社

クマモトジョウイナリジンジャ

稲荷神社らしいきらびやかな拝殿。右奥に恋の願掛けスポットが。

Information

電話	096-355-3521
住所	熊本県熊本市中央区本丸3-13
参拝時間	参拝自由（授与所9:00～17:00）
参拝料	なし
駐車場	50台（無料）
HP	http://www.k-inari.com

豊作、商売、恋愛まで、生活全般を守護する神様

天正16年（1588）、加藤清正が肥後に入国した折り、熊本城の守り神として勧請。以来、400年あまり熊本の生活守護神として敬われてきた。稲荷神社というと狐が祀られていると思う人もいるというが、祭神は正一位の神格を持つ白髭大明神。五穀豊穣から家内安全、商売繁盛、芸能学問成就など生活全般にわたるご神徳があり、広く多くの人から信仰されている。

毎年2月最初の午の日に行われる初午大祭は、春の訪れを祝う行事で殊のほか大勢の人が参詣。境内で行われる福餅撒きでは、餅をキャッチできると縁起が良いと言われ、様々な願い事を祈願する老若男女が境内を埋める。また、熊本城に隣接していて観光客も多く、最近は縁結びの神として、特に女性に人気があるそう。緋衣大明神《ひごろもだいみょうじん》、玉姫大明神《たまひめだいみょうじん》など、神徳の異なる神様の社も並ぶので、境内をぐるりと回ってみるのもいい。

境内のココに注目!

恋愛成就の願掛けポスト

恋愛・結婚成就の願掛け場所。左にあるポストに願いを書いて入れると、祈祷の際に名前を奏上してもらえるそう。

PICK UP

水に濡らすと、文字が浮かび上がってくる開運水みくじ100円。

熊本城が描かれた赤と紺の御朱印帳。御朱印を書いてもらって1,800円。

女性特有の病気から守ってくれる女性の御守。水琴の音がする物が800円。

ご朱印

神社名の印に神社名が入るシンプルなスタイル。奉拝の文字の下の印は、宝に恵まれるようにという、白髭大明神が持つ宝珠。

ご朱印料 … 300円
拝受時間 … 9:00～17:00

ACCESS

電車 路面電車「熊本城・市役所前」電停または「通町筋」電停下車、徒歩で約3分

車 九州自動車道「益城熊本空港」ICから車で約25分

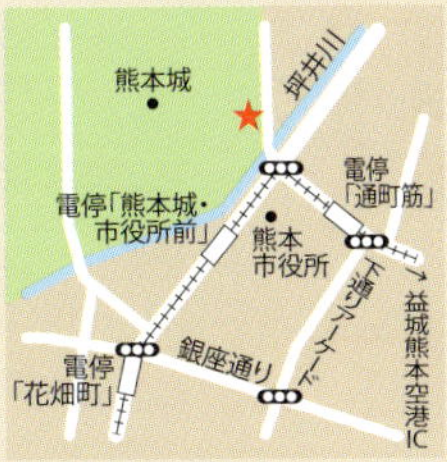

この社の手形の部分に手を当てて一心に祈ると、願い事が叶うとか。

祈願をする際に入れる拝殿の中。高天原の絵と天上の華絵馬が見事。

手水舎にちょこんと座る可愛いお狐さん。愛嬌のある表情がいい。

熊本県護国神社

クマモトケンゴコクジンジャ

緑に覆われた境内。早春から春先に梅花、桜花が咲き誇る様も美しい。

Information

電話	096-352-6353
住所	熊本県熊本市中央区宮内3-1
参拝時間	参拝自由(授与所8:00～18:00)
参拝料	なし
駐車場	50台(無料)
HP	http://www.kumamoto-gokoku.jp

様々な時代、日本のために命を捧げた人々の鎮魂社

幕末から明治維新、尊王攘夷や佐幕など日本の将来を考えた、人それぞれの信念のもとに日本各地で多くの命が失われた時代。それを憂えた明治天皇の勅旨により、藩主細川韶邦《ほそかわよしくに》・細川護久《ほそかわもりひさ》が花岡山に招魂社を創建。宮部鼎蔵《みやべていぞう》ほか、150柱の御霊を祀ったのが始まりとされる。昭和32年に、招魂祭が行われていた現在の地に遷座した。維新以来の殉国烈士、以降の大戦等の戦没者、消防・警察などの特別公務殉職者などが合祀されている。静かで厳かな空気に包まれた境内には、各所に様々な戦没慰霊碑が建てられ、戦没者等の遺品を展示した資料館もある。

また、新町にあったお菓子の神様の祠が廃祀されているのを継承しようという地域の人たちの活動により、平成27年、この祠を境内の一角に遷座。田道間守《たじまもり》を主祭神とした菓祖新宮神社が建立された。真新しい社も、ぜひ参拝しておきたい。

境内のココに注目!

数々の遺品が並ぶ資料館

明治維新から大東亜戦争、特別公務殉職者の遺品、各地の遺骨収集で引き上げられた遺品などが展示されている。見学は無料。

PICK UP

藤崎台野球場に隣接する神社だけに、野球ボールのお守りも。御守500円。

鮮やかな色彩で零戦が描かれた勝守500円。勝負や受験のお守りにも。

昔は不老長寿の薬と言われた橘(みかん)が描かれた不老長寿守500円。(新宮神社)

ご朱印

桜の花の神紋と社名の印に神社名が入るシンプルなスタイル。楷書のキリッとした文字が神社の由緒を現しているかのよう。

ご朱印料 … 300円
拝受時間 … 8:00〜18:00

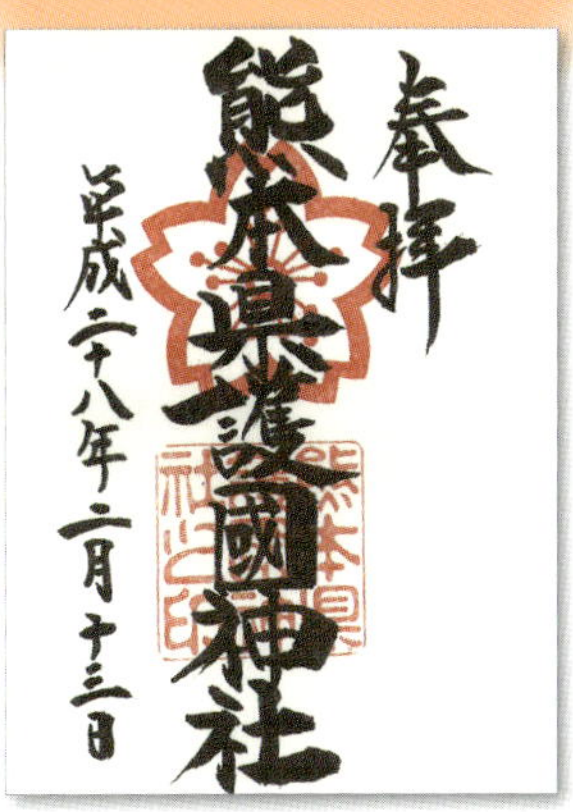

ACCESS

電車 路面電車「段山町」電停下車、徒歩で約10分

車 九州自動車道「熊本」ICから車で約30分

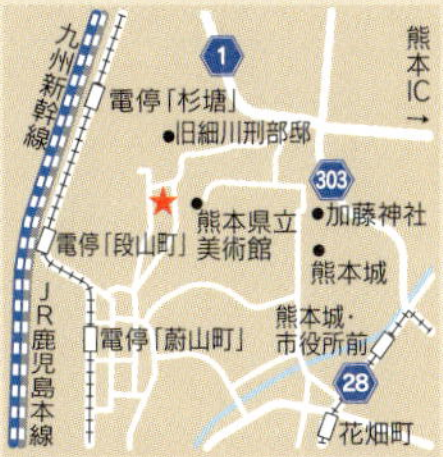

新宮神社の社殿は、球磨工業高校伝統建築科の生徒たちが建てた。

多くの慰霊碑・記念碑があるので、一つ一つ見て回ってみよう。

鳥居の近くには、消火活動などで殉職した消防士の慰霊碑も。

県内でも有数の神社だけに、初詣などは参拝者で参道までいっぱいになるほど。

熊本県

藤崎八旛宮

フジサキハチマングウ

Information

電話	096-343-1543
住所	熊本県熊本市中央区井川淵町3-1
参拝時間	6:00～17:30（夏期は5:30～18:00）
参拝料	なし
駐車場	30台（無料。但し正月三ヶ日、秋の例大祭の神幸式の日は駐車不可）
HP	http://www.fujisakigu.or.jp

肥後の宗廟熊本大鎮守と称され崇敬篤い神社

およそ1080年あまり前、朱雀天皇の勅願により京都の石清水八幡宮の御分霊が茶臼山に勧請されたのを始まりとする。祭神は應《おう》神天皇《じんてんのう》、住吉大神《すみよしのおおかみ》、神功皇《じんぐうこう》后《ごう》。八旛宮の文字が「旛」なのは、天文11年（1542）に書かれた後奈良天皇の筆による額が「旛」であったため。天皇の直筆の額があることからも分かるように、創建以来、肥後国の宗廟として朝廷や歴代の国司、藩主、そして庶民に至るまで広く崇敬を集めている神社だ。また創建当時から続く祭事も多く、特に毎年9月13日から行われる秋の例大祭は県内一の大祭として有名。大鎧を着た随兵頭や甲冑武者などが神幸行列のお供として市街地を練り歩く事から「随兵《ずいびょう》」と呼ばれ、それに続いて、奉納する馬を2万人近い勢子が追う勇壮な馬追いが祭りを盛り上げる。県内外から多くの見物客も訪れ、市街地が祭り一色に染まる日になる。

境内の
ココに注目!

社名の由来となった藤の木

藤崎の名は鎮座の日、藤の鞭を3つに折り、この地に挿した枝から芽が出たことに由来する。その藤が神木として祀られている。

PICK UP

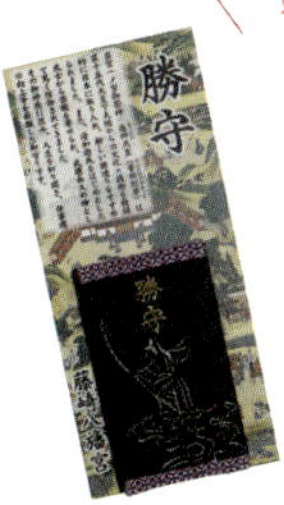

武運長久の神としても敬われる應神天皇の神徳にあやかった勝守500円。

御国酒とも言われる肥後赤酒が入ったお神酒(瓶子)1,000円。

後奈良天皇直筆の字を忠実に現した守護木札500円。裏に願い事が書ける。

ご朱印

社名の印に神社名、右裾に肥後熊本市鎮座の印が入るスタイル。きわめてシンプルなだけに、キリッとしたイメージが伝わる。

ご朱印料 … 300円
拝受時間 … 9:00~17:00

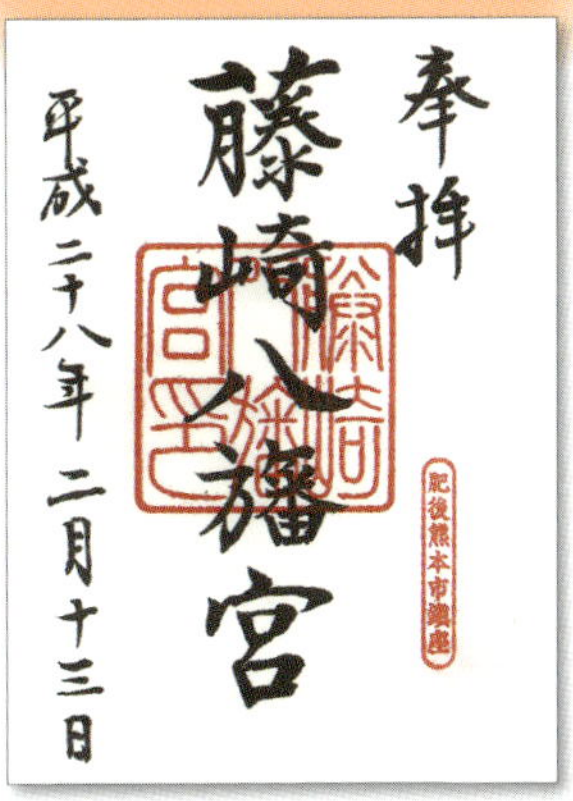

ACCESS

電車
路面電車「水道町」電停下車、徒歩で約15分

車
九州自動車道「熊本」ICから車で約20分

細川忠興に仕えた豪将・沢村大学が寄進した石灯籠。

細川家が敬っていた六社を祀った六所宮。

境内の奥にある清原元輔の歌碑。清少納言の父にあたる人物。

熊本県

出水神社（水前寺成趣園鎮座）

イズミジンシャ（スイゼンジジョウジュエンチンザ）

社殿は、庭園とあいまって、四季折々の景色も見所となっている。

Information

電話	096-383-0074
住所	熊本県熊本市中央区水前寺公園8-1
参拝時間	8:30～17:00
参拝料	なし（ただし水前寺成趣園入園料が必要。高校生以上400円、小・中学生200円）
駐車場	なし　※周辺に有料P有り
HP	http://www.suizenji.or.jp

肥後細川家の歴代藩主の徳を偲び、祀る神社

明治10年、西南の役の戦火で焼け野原となった熊本城下。翌年、旧藩主の細川家を敬い慕っていた旧藩士たちは、この戦いで荒んだ人心を安定させ熊本の町を発展させようと、細川家に縁の深い水前寺成趣園に社殿を創建。肥後細川家初代藤《ふじ》孝《たか》、二代忠興《ただおき》、三代忠利《ただとし》、八代重賢《しげかた》を主祭神とした。後に歴代藩主および忠興の正室・玉姫（通称ガラシャ夫人）が合祀されている。

第二次世界大戦の際に社殿がほとんど焼失し、難を逃れた御神庫と神楽殿を旧社地に移して仮社殿としていたが、昭和45年に再建が始まり、同48年に現在の社殿が完成した。現在は学業の神・初代藤孝、武道の神・二代忠興、産業の神・八代重賢、縁結びの神・玉姫の御神徳により崇敬を集めている。細川家に縁が深い神社だけに社殿や灯籠などに神紋となっている細川家家紋・九曜紋があしらわれている。

境内の
ココに注目!

細川忠利が愛でた盆栽

社殿近くにある五葉の松は細川忠利が愛用した盆栽を植栽したもの。樹齢400年を経た今でも見事な枝振りだ。

PICK UP

日本特有の海老茶、利久茶、鳶色が趣きのある長寿守500円。

オリジナルの御朱印袋1,500円は、御朱印帳入れのほか小物入れにも。

清らかな音が心地いい水琴鈴お守とオリジナルのこども守は各500円。

ご朱印

水前寺成趣園鎮座の印と細川家の家紋の九曜の印、社名印に神社名が入る。草書系書体だが、書く神職によって違う書体の場合も。

ご朱印料 … 300円
拝受時間 … 8:30〜17:00

ACCESS

電車
路面電車「水前寺公園」電停下車、徒歩で約3分

車
九州自動車道「益城熊本空港」ICから車で約15分

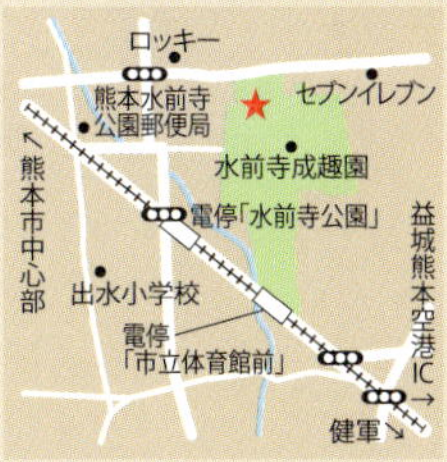

阿蘇伏流水が長寿の水として親しまれている。

境内から見た成趣園。回遊式日本庭園で国指定名勝および史跡。

戦災を被った社殿の復元を記念して建てられた光復の碑。

代継宮

ヨツギグウ

住宅街の中に建ち、その一角に静謐で厳かな雰囲気を漂わせている。

Information

電話	096-339-5466
住所	熊本県熊本市北区龍田3-25-1
参拝時間	参拝自由(授与所9:00〜17:00、祈願受付〜16:00)
参拝料	なし
駐車場	50台(無料)
HP	http://www.yotsugiguu.jp

代を継ぎ、命をつなぐにつながる由緒ある古宮

国造りの神である伊邪那《いざな》岐尊《ぎのみこと》を祖とする住吉大神《すみよしおおかみ》、応《おう》神《じん》天皇、神功《じんぐう》皇后に加え、紀《きの》貫之《つらゆき》、細川藤孝《ほそかわふじたか》を祭神とする。村上天皇の時代(961年)に紀師信《きのもろのぶ》が肥後国司として赴任した際、茶臼山の南麓(現在の熊本城の南側)に肥後の国の守護神として祀り、宮の四隅に木を植えた事から四木宮と称したことが始まりとされる。後に加藤清正が熊本城を築城する際、熊本市本荘《ほんじょう》に遷宮。細川綱利《つなとし》が幼くして藩主を継いだ時に、神徳のおかげとして四木宮を代継宮と改称。平成元年(1989)に白川《しらかわ》の改修に伴い、現在地へ遷座した。

その由緒と代を継ぐという神社名から縁結び、子授け、安産等の御神徳があると信仰が厚い。また、細川重賢《しげかた》が祖先の藤孝を合祀し、和歌管弦祭を執り行った事から芸事や文化の神様としても敬われている。毎年5月4日には、平安時代の宮中行事を再現した神事「曲水の宴」が行われる。

境内のココに注目!

夜景や阿蘇のご来光まで

立田山東峰天拝山頂上に位置し、熊本市の北方面を見渡す事ができる。阿蘇のご来光も拝めるそうで、実は隠れた絶景スポット。

PICK UP

二つを合わせた丸い円が胎内を現し、勾玉が子宝を現す子授け守2,000円。

結婚のお祝いや銀婚式のプレゼントなどに喜ばれる寿守2,000円。

美しい心を持てるようにと願う美心守800円のほか、多様なお守りが。

ご朱印

旧字の繼という字には、糸の文字が5つも入っており、代を紡いでいく印象がさらに強く感じられる。頂く際は、念のために先に電話を。

ご朱印料 … 300円
拝受時間 … 9:00〜17:00

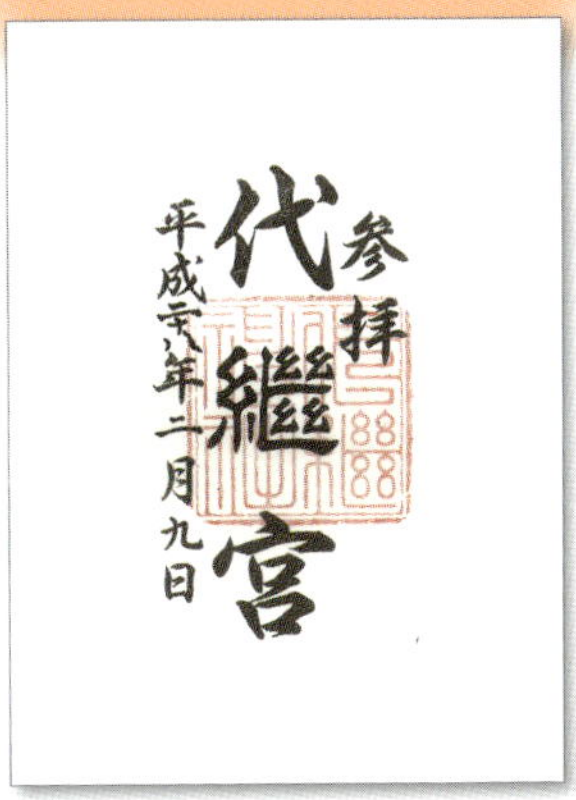

ACCESS

電車 JR豊肥本線「竜田口駅」下車、車で約10分

車 九州自動車道「熊本」ICから車で約30分

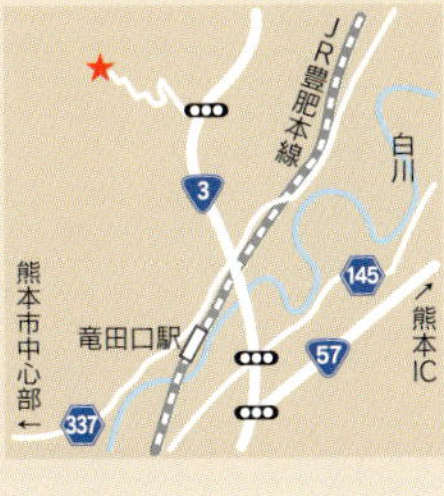

手水舎を覆うほどの大きな楠。火の神様が祀られている。

天ノ浮橋は出会い橋から渡ると良縁、別れ橋から渡ると悪縁断ちに。

典雅で古色あふれる曲水の宴には、毎年多くの拝観者が訪れる。

熊本県

本妙寺

ホンミョウジ

清正を祀る浄池廟本殿。正面に清正の木造が安置されている。

Information

電話　096-354-1411
住所　熊本県熊本市西区花園4-13-1
参拝時間　9:00〜17:00
参拝料　任意のお志で
駐車場　20台（無料）
HP　http://www.honmyouji.jp

熊本市街地を一望できる加藤家代々の菩提寺

開創は約４００年前、加藤清正が父・清忠の冥福を祈るため大阪に建立。清正の肥後入国に際して熊本城内に移された日蓮宗の名刹である。

慶長19年（１６１４）、城内の寺が焼失したため、清正の廟《びょう》（墓）がある中尾山に移築され、名実ともに加藤家の菩提寺となった。

国の登録有形文化財である巨大な仁王門をくぐると長い参道が続き、その先に胸突雁木《むなつきがんぎ》と呼ばれる１７６段の急勾配の石段があり、中央に寄進された多数の石灯籠が並ぶ。毎年7月23日、清正の命日前夜に行われる頓写会《とんしゃえ》では、灯籠の全てに明りが灯され、祈願や供養のための万灯が境内を埋め、幻想的な雰囲気を醸し出す。また、清正の遺品や加藤・細川家関連の文書・書画など、国指定・県指定重要文化財を含む約１４００点の宝物を所有。それらを閲覧できる宝物館が、平成28年4月リニューアルオープン予定。

境内のココに注目!

清正が見守る熊本城下

浄池廟のさらに上に立っている清正像のある広場から見下ろす熊本の市街地。清正はずっとこの風景を見守っている。

PICK UP

ガラスのひょうたんのくびれ部分に、清正像が描かれている厄除守500円。

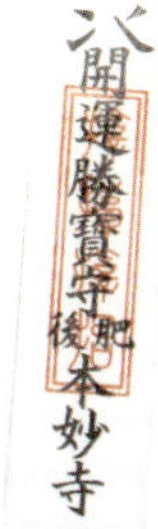

肌身に付けるタイプの勝守500円。武勲の誉れ高い清正のご利益が。

赤と紺、ペアで持ってもいい吉守1,000円ほか、各種のお守りがある。

ご朱印

中央に南無妙法蓮華経の題目が入り、右に山号と寺名を配置。題目右に後陽成天皇の勅願道場、左に清正廟地との由緒が添えられる。

ご朱印料 … 任意のお志で
拝受時間 … 9:00〜16:30

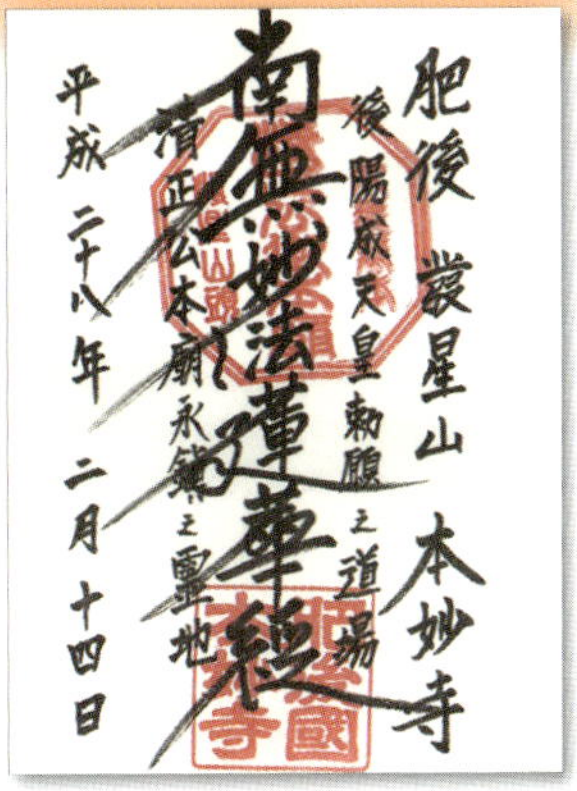

ACCESS

電車 路面電車「本妙寺入口」電停下車、徒歩で約10分

車 九州自動車道「菊水」IC から車で約40分

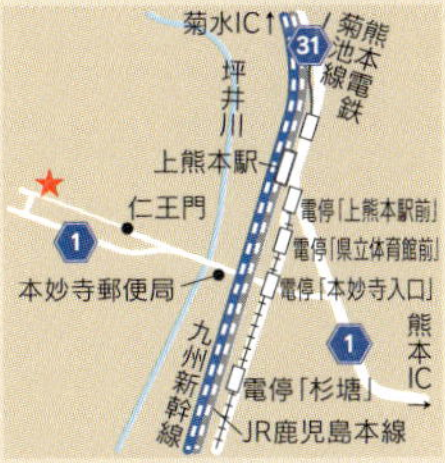

浄池廟からさらに300段の石段を上った先にある清正像。

途中で息も苦しくなるほど急勾配の300段の石段。

浄池廟拝殿。この奥が本殿で清正はその真下に眠る。

熊本県

北岡神社

キタオカジンジャ

毎年8月1～3日に祇園まつりがあり、2日には神幸行列が行われる。

Information

電話	096-352-2867
住所	熊本県熊本市西区春日1-8-16
参拝時間	6:00～17:30（夏期は5:30～18:30）
参拝料	なし
駐車場	50台（無料）
HP	http://www.kitaoka-jinja.or.jp

日本で二番目、九州で初めての由緒ある祇園社

平安時代、朱雀天皇の御代に肥後国司藤原保昌《ふじわらのやすまさ》が、反乱と疫病の流行を鎮めるために京都の祇園社（八坂神社）の分霊を勧請したのが始まり。日本では八坂神社に次ぐ2番目、西九州では1番目の祇園社であることから、久寿2年（1155）に近衛天皇から「日本第弐、西九壹社」の尊称と紋章が下されている。当初は現在の二本木5丁目にあったが江戸時代に花岡山に移り、その後現地に遷座した。

明治に入り現在の神社名に改称されたが、今でも親しみを込め「祇園さん」と呼ぶ人も多いそう。

祭神は建速須盞嗚尊《たけはやすさのおのみこと》、奇《くし》稲田姫命《いなだひめのみこと》、八柱御子神《やはしらのみこがみ》。須盞嗚尊は八岐大蛇《やまたのおろち》退治で有名な神で、災厄を鎮め悪行を調伏した事から、今では厄除開運・諸事繁栄・交通安全等の神として崇敬されている。また、奇稲田姫命は須盞嗚尊と結婚した事から縁結びや家庭円満、安産や子宝の神徳が高いという。

境内のココに注目!

良縁を結ぶ夫婦楠の大樹

楼門前にある二本の楠のご神木は夫婦楠と呼ばれ、男性と女性によって右の雄楠から回る、左の雌楠から回るとご利益があるそう。

PICK UP

小さな釣り竿で釣り上げるユニークな恋昇鯉(こいのぼり)みくじ300円。

愛のねがい絵馬500円は、プライバシーに配慮した保護シール付き。

八岐大蛇退治の逸話にちなんだ櫛形のお守りや縁結びのお守りは各800円。

ご朱印

本社と同じ「祇園木瓜　左三ツ巴」の紋章が中央に、右肩に尊称の「日本第弐　西九壹社」の印が入る。右裾には祇園宮の名も。

ご朱印料 … 300円
拝受時間 … 8:00～17:00

ACCESS

電車　JR鹿児島本線「熊本駅」東口(白川口)下車、徒歩で約4分

車　九州自動車道「熊本」ICから車で約40分

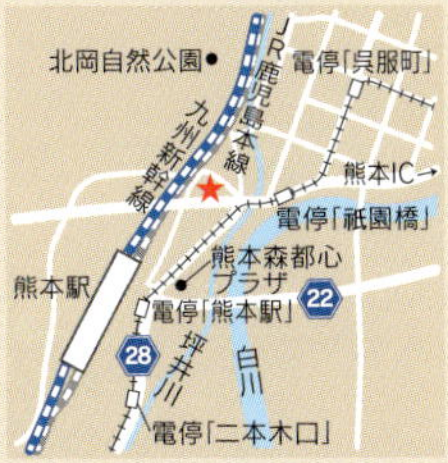

昭和58年に改修された楼門は、拝殿と対照的に鮮やかな色彩。

境内には11の摂末社があり、それぞれ違うご利益がある。

絵馬の奉納所には、ハートの愛のねがい絵馬も数多く掛かる。

熊本県

髙橋稲荷神社

タカハシイナリジンジャ

西口の大鳥居から見た神社。高さ12mの鳥居よりも高い所に社殿が。

Information

電話	096-329-8004
住所	熊本県熊本市西区上代9-6-20
参拝時間	8:30～16:30
参拝料	なし
駐車場	100台(無料。但し初午大祭の日は駐車不可・近くの小中学校に駐車可)
HP	http://www.kumamiru.com/shop/spindex.html?dum=134741771&Uid=da7d8ce69f68b2bd19fe3775f0b613aa&pcot=1

日本稲荷五社の一つ 室町時代から続く稲荷社

室町時代の明応5年(1496)、隈本城初代城主の鹿子木親員《かのこぎちかかず》が、稲荷山に上代城を築いた際、城郭守護のために福徳の神・宇《う》迦之御魂大神《がのみたまのおおかみ》(稲荷大神)を勧請。古来「衣食住の大祖にして萬民豊楽の神霊なり」と信仰されている神で、食物の守護神、福徳を授ける神様と崇められてきた。日本稲荷五社の一つ、また九州三稲荷の一つに数えられる由緒ある神社。上代城にあった社殿は天文10年(1541)、上代城落城の折りに焼失。その後、稲荷山の麓にあった海蔵寺の首座が霊夢の啓示を受け、寛文元年(1661)に現在の地に社殿を再興し遷座した。

社殿は山の中腹、ビル4~5階くらいの高さの所に建っていて、毎年2月の初午大祭で社殿のある高さから地上に向けて福餅が撒かれる様は、実に豪快。事前に申し込むと餅の撒き手を務める事もできるそうで、良い記念になりそうだ。

境内の
ココに注目!

鳥居をはじめ、提灯も巨大

表口に高さ15m、西口に高さ12mの大鳥居があるだけでなく、社殿への入口にある提灯も巨大。高さは約13mあるという。

PICK UP

商売繁盛の神札1,300円。鮮やかな朱の色で、いかにも運気がアップしそう。

福をかき集める福かき(小)3,000円は、初詣、初午の際の人気の授与品。

稲荷神社らしい赤鳥居をデザインした開運・交通安全御守800円。

ご朱印

稲荷の稲を象った神紋と神社名の印に社名が入る。食物の守護神だけに、日本人の主食である米(稲)が描かれている。

ご朱印料 … 300円
拝受時間 … 8:30～16:30

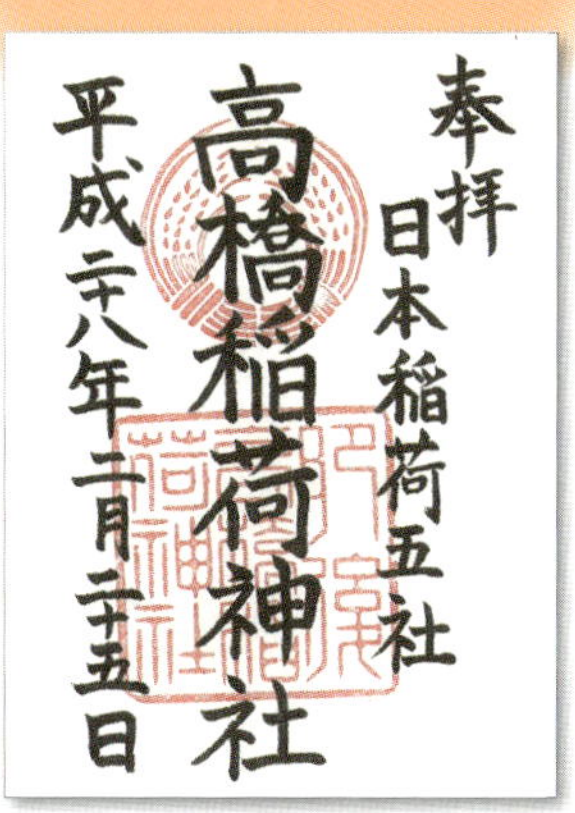

ACCESS

バス バス停「稲荷入口」下車、徒歩で約5分

車 九州自動車道「熊本」ICから車で約50分

奥宮への参道には多くの鳥居が並び、伏見稲荷を彷彿とさせる。

社殿奥の山には5つの奥宮がある。その一つ五穀豊穣の源策社。

拝殿右奥に奥宮を合わせて祀ってあり、山に登らずにお参りできる。

雲巌禅寺の本堂。下から上がる参道には細川綱利が寄進した仁王像が立つ。

熊本県

雲巌禅寺(岩戸観音)

ウンガンゼンジ(イワトカンノン)

宮本武蔵ゆかりの日本最古の観音霊場の一つ

Information

電話	096-329-8854
住所	熊本県熊本市西区松尾町平山589
参拝時間	8:00〜17:00
参拝料	なし(岩戸観音・霊巌洞・五百羅漢・宝物館　200円)
駐車場	30台(無料)
HP	なし

約1300年前、宇佐の仁《にん》聞菩薩《もんぼさつ》と法蓮上人《ほうれんしょうにん》により開創された九州西国霊場の14番札所にして、剣豪・宮本武蔵が籠もり、五輪の書を著した洞窟・霊巌洞を擁する古刹。熊本市の西方に位置する金峰山の山深くに佇み、今も昔のままの深淵で厳かな空気を漂わせている。別名を岩戸観音と言い、霊巌洞に本尊である石体四面の馬頭観音が安置されている事に由来する。寺は南北朝時代に中国から渡ってきた元の禅僧・東《とう》陵永璵《りょうえいよ》によって建立されたと伝えられるが、本尊の観音像は建立以前からこの洞内に安置されていたと言われている。

境内から霊巌洞に向かう岩山には、江戸時代の商人・淵田屋儀平《ふちだやぎへい》が安永8年(1779)から24年がかりで奉納したという多数の羅漢像が並んでいて、それぞれ違う表情をしているのが面白い。宝物館には武蔵の木刀や自画像など収蔵され、武蔵ファンの拝観者も多く訪れる。

境内の
ココに注目!

身内に似た顔があるかも

岩肌の急な斜面に安置されている五百羅漢。地震等により首が取れた物もあるが一体一体顔の表情が違う石仏群は身内にそっくりの顔があると言われる。

PICK UP

開運厄除・身体健康を願う武蔵の木彫り守500円は、拝観記念にもいい。

境内に入ってすぐにある、眼病平癒に効くとされる観音様のお札。300円。

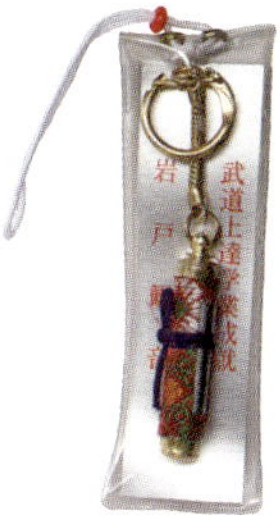

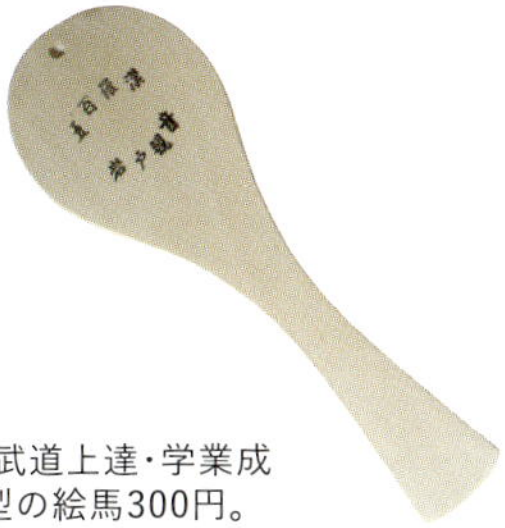

五輪の書をモチーフにした武道上達・学業成就のお守500円やしゃもじ型の絵馬300円。

ご朱印

中央に本尊の馬頭観音の名が入り、右に九州西国霊場札所の印が。左の寺院名の上の岩殿山は、仏教寺院に付けられる山号。

ご朱印料 … 300円
拝受時間 … 8:00～17:00

ACCESS

バス停「岩戸観音入口」下車、徒歩で約20分

九州自動車道「菊水」IC から車で約40分

岩と緑の神秘的な洞窟。武蔵はここに籠り五輪の書を書き上げた。

武蔵が籠った霊巌洞。格子の奥に馬頭観音が安置されている。

羅漢像たちは崖のはるか上部にもあり、奉納時の苦労が忍ばれる。

熊本県

健軍神社

ケングンジンジャ

現在の本殿は昭和後期、右奥の祈祷殿は江戸後期の建立。

Information

電話	096-368-2633
住所	熊本県熊本市東区健軍本町13-1
参拝時間	参拝自由（授与所7:00～18:00、祈願受付～17:30）
参拝料	なし
駐車場	100台（無料）
HP	なし

1900年あまりの歴史を有する熊本市最古の神社

肥前風土記に登場する健《たけ》緒組命《おぐみのみこと》を祭神とし、およそ1900年前から信仰が始まったと伝わる熊本市最古の社。1450年ほど前に阿蘇神社から健磐龍命《たけいわたつのみこと》・阿《あ》蘇都媛命《そつひめのみこと》ほか10柱の神々が勧請され祀られている。

阿蘇の神々が勧請された由来は、阿蘇神社祭事の折々に供え物を運んでいた国司が夏は洪水旱魃《かんばつ》、冬は風雪によって度々立ち往生させられていた。ある冬、大雪のために進退窮まりこの地で陣を張って泊まり、「何とか老若男女の人々も阿蘇参詣の労力を減らせないものか」と祈っていたところ、夢枕に童子が現れ、「この地に阿蘇の神々を勧請しなさい。私は阿蘇大神である」と告げたという。阿蘇神社・健軍神社・甲佐神社・郡浦神社は阿蘇四宮と呼ばれており、大陸の勢力から地域を守るため健軍神社は西向きに建てられている。勝負事の神としても知られ、西南の役で薩軍支援の熊本隊の出陣式も行われた。

境内の
ココに注目!

一直線に続く1,230mの参道

社殿から国道57号(東バイパス)を横切り、電車通りまで続く参道。この長さの一直線の参道は、日本でも5本の指に入るそう。

PICK UP

四葉のクローバーの押し花が入っている幸福守700円。幸せになれそう。

複数の幹線道路から近く、交通安全を祈願する人も多い。交通安全守700円。

肌身に付ける肌守り700円(小500円)、勝守700円などのお守りも。

ご朱印

中央に大きく神社名が入り、社紋と神社名印が押印され、右裾に熊本市最古社の文字。シンプルながら力強い文字が、この神社らしい。

ご朱印料 … 300円
拝受時間 … 7:00〜17:30

ACCESS

電車 路面電車「健軍校前」電停下車、徒歩で約7分

車 九州自動車道「益城熊本空港」ICから車で約10分

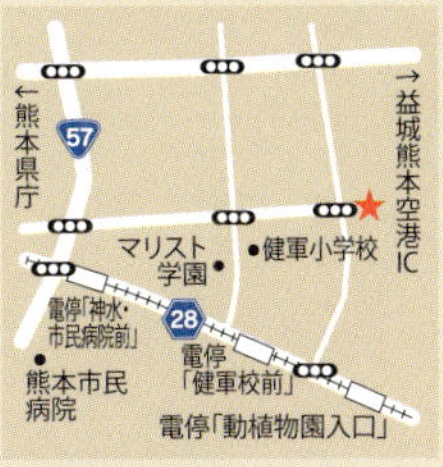

境内のシンボルでもある大銀杏は、樹齢500〜600年を越えるとも。

参道に阿蘇の大神が童子の姿になって現れたという石が祀ってある。

春の例祭前夜祭に奉納される喜多流の薪能は、幻想的な雰囲気。

熊本県

河尻神宮

カワシリジングウ

秋季例大祭の際は、拝殿の左右に2mもの大きな提灯が吊り下げられる。

長寿・魔除けの守護木と勇壮な秋祭りが有名な神宮

地元では「若宮さん」とも呼ばれるこの神社は、建久8年(1197)、地頭・河尻《かわしり》三郎源実明《さぶろうみなもとのさねあき》が、鎌倉の鶴岡八幡宮を勧請し、熊本市南区富合町小岩瀬にまつったと伝えられる。相殿にまつられているのは、天照皇大《あまてらすすめおおみ》神《かみ》、住吉大神《すみよしのおおかみ》、春日大神《かすがのおおかみ》、阿蘇《あその》大神《おおかみ》の4柱で、古くは若宮五社大明神と称していた。

中世期には河尻氏の没落とともに衰えたが、加藤清正公が肥後領主になった折、天正15年(1587)に現在の地に社殿を造営し、祭礼を復活させたことで以前の繁栄を取り戻したといわれる。

毎年10月に行われる秋季例祭では、氏子たちが14組に分かれて順に年行司の役を務め、流鏑馬や飾り馬を奉納する。見せ場は、巧みな手綱さばきと度胸の良さを神様に見せ感謝の気持ちを表わす「下がり馬」。参道でラッパが吹き鳴らされる中、勢子が馬のたてがみと鞍をつかみながら走り抜け、詰めかけた観客を沸かせる。

Information

電話	096-357-9166
住所	熊本県熊本市南区八幡5-1-50
参拝時間	参拝自由
参拝料	なし
駐車場	約100台(無料)
HP	なし

境内のココに注目!

県内5カ所のうちの一つ

境内を出てすぐ目の前にある能舞台。観客席がゆったり設けられ、能以外にも地域イベントなど、様々な行事が行われる。

PICK UP

荘厳な拝殿をモチーフにした色鮮やかな絵馬500円。他、初宮詣り用もある。

柊の色をイメージさせる深い緑の健康長寿御守は財布に入れておけるタイプ。

魔除けや長寿にご利益のある柊をモチーフにしたお守りが多数。各500円。

ご朱印

肉厚気味の文字に、印は河尻神宮の名前と長寿の象徴でもある鶴の容姿の2つ。ご朱印料はお気持ち分として、特に金額を定めていない。

ご朱印料 … 300 ~ 500円(お気持ち)
拝受時間 … 8:30 ~ 17:00

ACCESS

電車 JR鹿児島本線「川尻駅」下車、徒歩で約5分

車 九州自動車道「御船」IC から車で約15分

国内最高峰の「徳山みかげ石」で作られた鳥居は参道・境内入口に2基。

若木の葉のトゲが老木になると丸くなる長寿の守護木、日本一の大柊。

境内には拝殿の他、神楽殿や参集殿、末社が複数集まっている。

池の対岸から望む社殿。冬場、池から立ち上る朝霧に包まれた姿は幽玄。

熊本県

浮島熊野坐神社

ウキシマクマノマスジンジャ

Information

電話	096-237-1437
住所	熊本県上益城郡嘉島町井寺2828
参拝時間	9:00～17:00
参拝料	なし
駐車場	なし　※周囲の公園駐車場は無料
HP	http://www.ukishimajinja.com

火の神と水の神が鎮座する益城の総鎮守

創建は今から1000年ほど前、上益城の領主・井王《いおう》三郎直久《さぶろうなおひさ》が、熊野大神を崇敬し邸内に祠を建て、住民の生活安定を祈願していた事に始まる。かねて清浄な池のほとりに神殿移築を考えていたところ、夢枕に大神が現れ「屋敷の北側を掘れ」とお告げを下した。その通りに掘ると周囲の水が集まり清らかな池が出現、湿地帯だった郷に肥沃な畑地ができたという。祭神は伊邪那岐命《いざなぎのみこと》・伊邪那美命《いざなみのみこと》で、禊《みそぎ》に欠かせない清浄な水を湛えた水の神、国産みの火の神、あるいは農業、生活の神などとして幅広い信仰を集めている。

また、社殿の立つ地が池に浮かぶ島のように見える事から浮島の名があり、今も人々から「うきしまさん」と呼ばれ、親しまれている。約3ヘクタールの池は1日約13万トンの湧水量を誇り、平成20年、国の「平成の名水百選」に選定。周辺は公園として整備されている。

境内のココに注目!

水郷・嘉島町のシンボル

嘉島町は他にも湧水池があり、県内でも有数の水の郷。その象徴と言える神社でもあり、周囲の公園は地域の憩いの場。

PICK UP

伊邪那美は多くの神々を産んだ安産の神様でもある。安産御守1,500円。

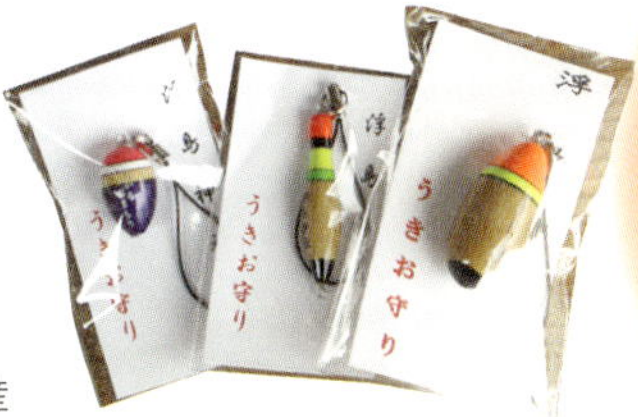

運気が「浮き上がる」ことから、釣りのウキの形をした浮き守500円。

ツールドフランスにちなんだ色・デザインの珍しい自転車御守700円。

ご朱印

神社の印と熊野宮の印に神社名が書かれ、創起年もしたためられる。草書体系の優美で流れるような文字は、神社のイメージにぴったり。

ご朱印料 … 300円
拝受時間 … 9:00〜17:00

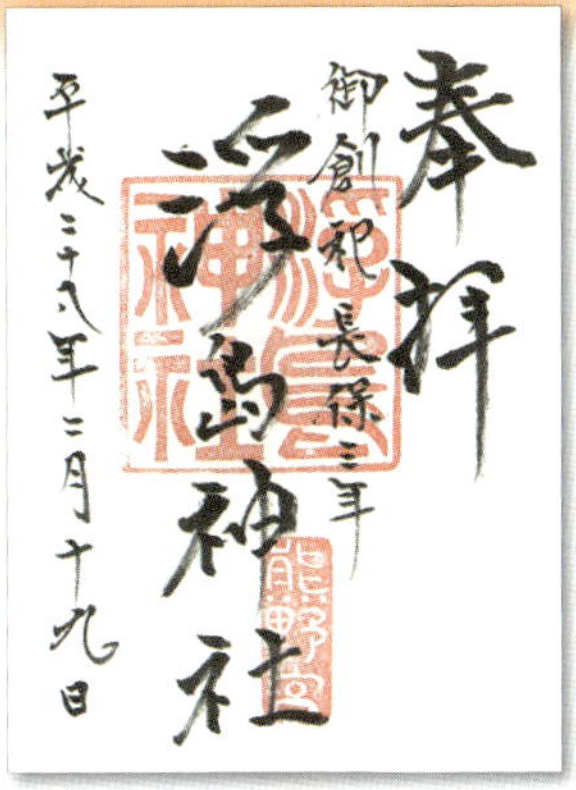

ACCESS

バス停「下六嘉」下車、徒歩で約15分

九州自動車道「御船」IC から車で約7分

拝殿横の「なで浮き」は、願い事をしながらなでると良いそう。

簡素で落ち着いた面持ちの社殿。細川家歴代の崇敬も篤かったそう。

境内末社の赤女稲荷は、その名の通り女性の守り神。

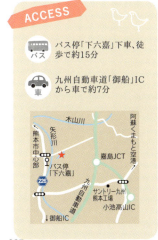

石が積まれた小さな鳥居。鳥居の重みで少しずつ高さが低くなっているとか。

熊本県

足手荒神（甲斐神社）

アシテコウジン（カイジンジャ）

人々の手足を守り続ける嘉島町の「足手荒神さん」

熊本を中心として、九州各地にある足手荒神（甲斐神社）の総本社。約400年前の天正時代頃に創建され、祭神には御船城城主の甲斐宗立《そうりゅう》（足手荒神）、その父甲斐宗運《そううん》、また、甲斐氏一族がまつられている。

戦国時代末期、一揆に失敗し手足に致命傷を負いながら嘉島町に逃れた宗立は、そこで受けた地域住民に献身的な介護に感激し、亡き後は手足の神になることを誓い息を引き取ったという。それ以来、この神社の参拝によりケガが回復する人たちが後を絶たず、手足の神様として広く親しまれるようになった。また、生き甲斐、やり甲斐などの甲斐が出るご神徳もある。

一方、阿蘇氏の家臣だった宗運は、生涯戦で負け知らずだったとされ、勝負事、厄除け、運気上昇の神様として崇められている。毎年、宗立の命日2月15日には例大祭が行われ、各地から多くの参拝者が訪れる。

Information

電話	096-237-2082
住所	熊本県上益城郡嘉島町上六嘉2243
参拝時間	参拝自由
参拝料	なし
駐車場	約30台（無料）
HP	http://ashitekoujin.com/

境内のココに注目!

絵馬の代わりに手型足型

型の表に住所氏名年齢、裏に願い事を書き、型で手足をさすった後、拝殿に納めて参拝する。授与所の前に書くコーナーがある。

PICK UP

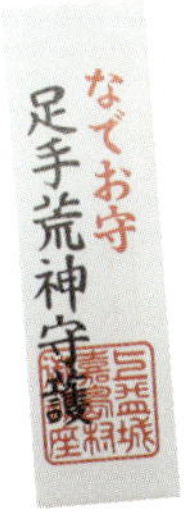

調子の悪い部位をさする「なでお守」300円。長さ5cm程度で持ち運びに便利。

手型足型各500円。拝殿には願い事が書かれた型が山積みになっている。

手足が施されたお守りなど。各500円。

ご朱印

御朱印には「足手荒神」でなく「甲斐神社」で達筆に書かれる。甲斐神社守護の足手荒神は、印のみで2カ所に押される。

ご朱印料 … 300円
拝受時間 … 9:00 ～ 17:00

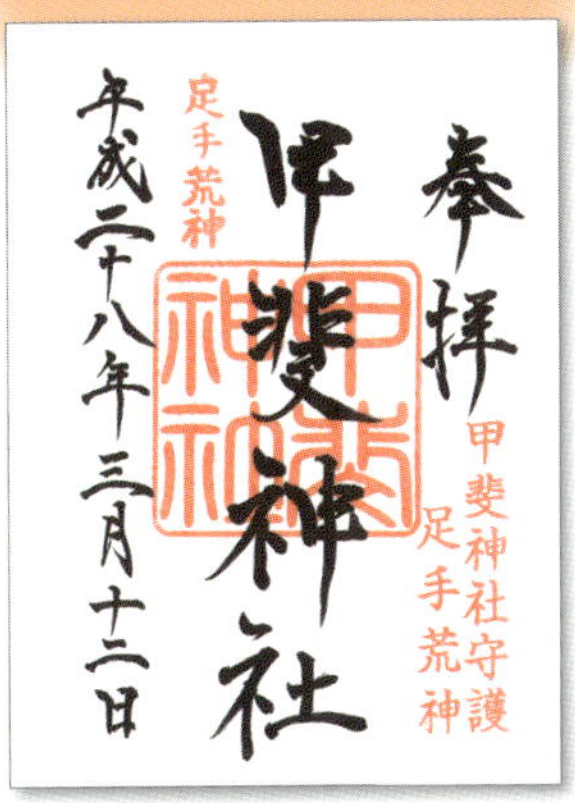

ACCESS

バス
バス停「足手荒神入り口」下車、徒歩で約10分

車
九州自動車道「御船」IC から車で約7分

ご神木はエノキ。台風で倒木した際、建物を避けるように倒れたとか。

目の前に小学校があり、周囲に田園風景が広がるのどかな雰囲気の神社。

拝殿には、多くの参拝者による手製の木彫り手足が供えられている。

熊本城《くまもとじょう》

最寄りの寺社　加藤神社、熊本城稲荷神社、熊本県護国神社

加藤清正が築城した日本三名城の1つ、築城400年以上の熊本城。市内中心部に堂々とそびえ立ち、天守最上階からは熊本市街や阿蘇の山並みを一望できる。本丸御殿内の「昭君之間」は天井に草花などが、障壁画には中国の美女・王昭君が描かれ煌びやかな世界が広がる。城内の丸瓦には、桔梗紋、九曜紋、三つ巴紋の3種類の瓦が混在、大・小天守の石垣にはハート型の石があるので探してみては。城周りの寺社巡りとともに見どころ満載の熊本城も散策しよう。

見事な石垣「武者返し」や、日本最長の長塀も見どころ。

DATA

交通アクセス／路面電車「花畑町」電停から徒歩約10分　**住所**／熊本県熊本市中央区本丸1-1　**電話**／096-352-5900(熊本城総合事務所)　**時間**／3月～11月 8:30～18:00(入園は17:30まで)、12月～2月 8:30～17:00(入園は16:30まで)　**休み**／年末　**料金**／高校生以上500円、小中学生200円　**駐車場**／600台

島田美術館《しまだびじゅつかん》

最寄りの寺社　本妙寺

肥後藩主加藤家・細川家をはじめ、宮本武蔵ゆかりの所蔵品を展示。緑に囲まれた閑静な雰囲気の中、現代作家の作品を紹介するギャラリーやcafe「木のけむり」も併設。

小窓が付いたカウンターでのんびりと過ごせるカフェ。

DATA

交通アクセス／路面電車「段山町」電停から徒歩約20分　**住所**／熊本県熊本市西区島崎4-5-28　**電話**／096-352-4597　**時間**／10:00～17:00(入館は16:30まで)、カフェ～18:00　**休み**／火曜(祝日の場合は開館)、展示替期間・年末年始　**料金**／一般700円、大学・高校生400円、小中学生200円　**駐車場**／10台

お菓子の香梅《おかしのこうばい》 白山本店《はくざんほんてん》

最寄りの寺社　出水神社(水前寺成趣園鎮座)

数々の賞を受賞している銘菓「誉の陣太鼓」をはじめ、熊本を代表する和洋菓子の専門店。出水神社巡りの後には、白山通りに面するカフェを併設した本店で抹茶やお菓子を堪能しよう。

風味豊かなほまれ大納言と濃厚なミルクが絶妙の陣太鼓ソフト。

DATA

交通アクセス／路面電車「味噌天神前」から徒歩8分　**住所**／熊本県熊本市中央区白山1-6-31　**電話**／096-371-5081　**時間**／9:00～19:45　**休み**／無休　**料金**／誉の陣太鼓(12個入)2,074円、陣太鼓ソフト360円　**駐車場**／10台

水前寺成趣園《すいぜんじじょうじゅえん》

最寄りの寺社 出水神社(水前寺成趣園鎮座)

昭和4年(1929)に国の名勝・史跡に指定され、阿蘇の伏流水が静かに湧き出る園内は、水の都を代表するスポット。春には梅や桜、ツツジの花が咲き、新緑の眩しい初夏、紅葉の秋を経て、冬には雪が降ると白銀の美しい世界が広がる。東海道五十三次を模したともいわれる庭園をはじめ、県指定重要文化財の茅葺きの書院「古今伝授の間」、朱鳥居が連なる商売繁盛や家内安全など生活全般の守護神である「出水神社末社稲荷神社」などを散策し、ゆっくりした時間を過ごそう。

飲めば長生きすると言われている神水「長寿の水」。

DATA
交通アクセス／路面電車「水前寺公園前」から徒歩約3分　**住所**／熊本県熊本市中央区水前寺公園8-1　**電話**／096-383-0074　**時間**／7:30〜18:00(3月〜10月)、8:30〜17:00(11月〜2月)※入園は30分前まで　**休み**／無休　**料金**／高校生以上400円、小中学生200円　**駐車場**／なし

五高記念館《ごこうきねんかん》

最寄りの寺社 代継宮、藤崎八旛宮

小泉八雲や夏目漱石が教鞭をとった旧制第五高等学校(現在の熊本大学)。通称「赤門」と呼ばれる表門や化学実験場、当時の設計図とともに国の重要文化財に指定されている。

復原教室の木の机が当時を思い起こす風景も見どころ。

DATA
交通アクセス／バス停「熊本大学前」下車、徒歩すぐ　**住所**／熊本県熊本市中央区黒髪2-40-1(熊本大学キャンパス内)　**電話**／096-342-2050　**時間**／10:00〜16:00(入館は15:30まで)　**休み**／火曜・年末年始(不定期で閉館あり)　**料金**／無料　**駐車場**／なし

泰勝寺跡《たいしょうじあと》(立田自然公園《たつだしぜんこうえん》)

最寄りの寺社 代継宮、藤崎八旛宮

肥後藩主・細川家の菩提寺として建てられた泰勝寺跡(国史跡)がある公園。細川家初代藤孝夫妻と2代目忠興、ガラシャ夫人の墓「四つ御廟」や茶室「仰松軒」、宮本武蔵の供養塔もある。

引導石の春山和尚の墓の横に宮本武蔵の五輪塔が並ぶ。

DATA
交通アクセス／バス停「熊本大学前」下車、徒歩で約10分　**住所**／熊本県熊本市中央区黒髪4-610　**電話**／096-344-6753　**時間**／8:30〜17:00(入園は16:30まで)　**休み**／年末　**料金**／高校生以上200円、小中学生100円　**駐車場**／30台

鮨《すし》 福伸《ふくしん》

最寄りの寺社 加藤神社、熊本城稲荷神社、熊本県護国神社

天草で行列のできる人気店の姉妹店「鮨　福伸」。天草直送の厳選された新鮮なネタでにぎる職人技を洗練された上質な空間で堪能。長い白木のカウンター席や落ち着いた個室等シーンに合わせて利用でき贅沢な時間が過ごせる。ランチでも本格の味をリーズナブルに楽しめると人気の高い鮨処。

寺社巡りの後には海の恵みをまるごと味わう大人時間。

DATA

交通アクセス／路面電車「花畑町」電停から徒歩約3分　**住所**／熊本県熊本市中央区花畑町11-14　KOHENビル2F　**電話**／096-359-8800　**時間**／11:30～15:00(OS14:00)、17:30～23:00(OS22:00)　**休み**／不定休　**料金**／ランチ1,500円～、鮨会席4,000円～(税別)　**駐車場**／なし

農家《のうか》れすとらん　しのじの

最寄りの寺社 加藤神社、熊本城稲荷神社、熊本県護国神社

JA熊本経済連が自信を持っておすすめする素材の魅力を最大限に生かしたメニューでのおもてなしが評判の農家れすとらん「しのじの」。県産黒毛和牛「和王」や「あか牛」、「りんどうポーク」は、すき焼きやステーキ、ハンバーグに生まれ変わりフレッシュな野菜や果物は、サラダバーで提供される。

熊本城を望む座敷やテーブル席の個室でゆっくりと。

DATA

交通アクセス／路面電車「花畑町」電停から徒歩約5分　**住所**／熊本県熊本市中央区下通1-10-3　銀座プレイスKUMAMOTO8F　**電話**／096-356-1029　**時間**／11:30～14:00(OS13:30)(日・祝～15:00(OS14:20)、17:30～23:00(OS22:00)　**休み**／年末年始　**料金**／ランチ980円～、会席コース4,200円～　**駐車場**／なし

五郎八離《ごろはちはな》れ

最寄りの寺社 加藤神社、熊本城稲荷神社、熊本県護国神社

ホテルで郷土料理店の紹介をお願いしたら必ず名前がでてくる名店。カウンターの他、半個室やプライベート重視の完全個室を揃え、還暦や結納等の慶事の席としての利用も多い。最上級の霜降り馬肉を使用した大トロ馬刺し、その名も「世界一」は口の中でとろける食感で、一度食べてもらいたい。

馬にぎりをはじめ、熊本の馬肉料理がメニューに揃う。

DATA

交通アクセス／路面電車「花畑町」電停から徒歩約3分　**住所**／熊本県熊本市中央区花畑町13-26第一銀杏ビル5F　**電話**／096-321-8880　**時間**／11:30～14:00(要予約)、16:30～23:00　**休み**／不定休　**料金**／郷土料理御膳(ランチ) 3,000円、郷土料理コース 6,480円～　**駐車場**／なし

桂花《けいか》 本店《ほんてん》

最寄りの寺社 加藤神社、熊本城稲荷神社、熊本県護国神社

創業昭和30年の老舗の熊本ラーメン店として、地元熊本は元より東京にも店舗があり、熊本ラーメンを全国区にした名店。創業当時から変わらない中太・固めのストレート麺と豚骨鶏ガラ白湯(ぱいたん)スープに自家製のチャーシューや茎ワカメ・ルータン・メンマ・わけぎのトッピングは常連客からの支持が高い。

ゴロッと豚角煮の太肉(ターロー)がのった太肉麺も人気。

DATA
交通アクセス／路面電車「熊本城・市役所前」電停から徒歩約3分　**住所**／熊本県熊本市中央区花畑町11-9　K-1ビル1F　**電話**／096-325-9609　**時間**／11:00～24:00(OS)、金・土～翌1:45(OS)、日～20:00(OS)　**休み**／元旦　**料金**／桂花拉麺630円、太肉麺(ターローメン)880円　**駐車場**／なし

鉄板焼《てっぱんやき》 さんどう《さんどう》

最寄りの寺社 藤崎八旛宮、熊本城稲荷神社

全国で5名しかいない日本鉄板焼協会の名誉師範のオーナーシェフが、広い鉄板で極上の天草牛や新鮮なアワビを豪快に焼き上げ、香り・音・味覚と、美味を五感で堪能させてくれる名店。ハンバーグランチやステーキランチのランチメニューなら洗練された技を気軽に楽しめる。人気店の為事前予約を。

ディナーは6,264円から。ワインも各種揃う。

DATA
交通アクセス／路面電車「水道町」電停から徒歩約3分　**住所**／熊本県熊本市中央区水道町1-9 長安寺ビル2F　**電話**／096-324-3571　**時間**／11:30～13:30(OS)(土・日・祝は12:00～)、17:30～21:30(OS)　**休み**／不定休　**料金**／ハンバーグランチ 1,080円、ステーキランチ 2,160円　**駐車場**／なし

水前寺《すいぜんじ》 東寿司《あずまずし》

最寄りの寺社 出水神社(水前寺成趣園鎮座)

水前寺成趣園近くの、創業80年の地元客も多い寿司の名店。銀杏の一枚板のカウンターに構える熟練の職人が、厳選された魚介類をネタに旬の一貫を握ってくれる。その味わいは、ホロッとほぐれるシャリとほのかに甘いネタとのバランスも絶妙。馬刺などの郷土料理も揃い、水前寺観光の後に立ち寄る人も多い。

ネタの良さと職人技はそのままに、気軽にランチも楽しめる。

DATA
交通アクセス／路面電車「国府」電停から徒歩約13分　**住所**／熊本県熊本市中央区水前寺5-5-14　**電話**／096-383-2468　**時間**／11:00～22:00(ランチタイムは14:00まで)　**休み**／不定休　**料金**／選べるお好みにぎりランチ1,080円、上にぎりセット2,700円　**駐車場**／10台

熊本県

幣立神宮

ヘイタテジングウ

百数十段の石段を登った先にある社殿。豊かな自然の中にひっそり佇む。

Information

電話	0967-83-0159
住所	熊本県上益城郡山都町大野712
参拝時間	参拝自由
参拝料	任意のお志で
駐車場	50台(無料)
HP	なし

九州のへそに位置する注目のパワースポット

　昨今のパワースポットブームで注目を集めているのが、「九州のへそ」とも言われる旧蘇陽にある幣立神宮(幣立神社)だ。高天原神話の発祥の神宮といわれ、建磐龍命《たけいわたつのみこと》は、この神宮に祈願ののち、阿蘇に下られた。主祭神は神漏岐命《かむろぎのみこと》・神漏美《かむろみの》命《みこと》、ほか大宇宙大和神《おおとのちおおかみ》、天御《あめのみ》中主大神《なかぬしのかみ》、天照大御神《あまてらすおおみかみ》を祀る。通称「高天原・日の宮」と呼ばれる幣立神宮は、自然豊かな山の中に位置し、参道には「五百枝杉」と呼ばれる樹齢数千年といわれる大木が数多く並ぶ。雄大な自然に包まれる空間は、まさに鎮守の森といった場所で、ここにいるだけでも身を清められそうな厳かな雰囲気が漂う。

　拝殿でお参りした後は、本殿裏手にある「東御手洗社」も訪れたい。大木の並ぶ道をしばらく歩くと、小さな鳥居と祠があり、横には湧き水が流れる。お参りと共に水をいただけば、心身共に癒されるはずだ。

境内のココに注目!

神秘的な大木に抱かれて

参道には五百枝杉(いおえすぎ)と呼ばれる杉の大木が並ぶ。幣立神宮の森として、県指定の天然記念物になっている。

PICK UP

白地に金色の糸で刺繍がされたシンプルな御守。

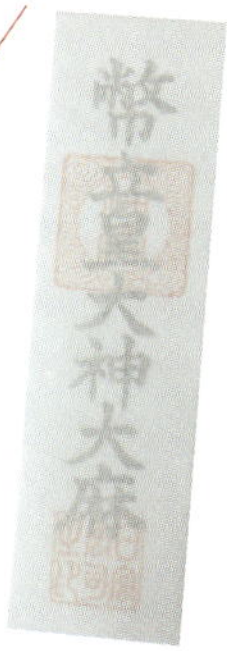

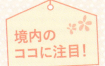

幣立皇大神大麻の文字が書かれた、神棚用のお札。

赤布に御幣の柄を配した交通安全の御守護の御守。

ご朱印

中央に幣立神宮の文字と、高天原・日の宮の印と文字が並ぶ。シンプルながら力強い字体。ご朱印は祈祷等などで受付できない場合も。

ご朱印料 … 任意のお志で
拝受時間 … 10:00 ～ 16:00

ACCESS

バス停「大野幣立宮前」下車、徒歩で約3分

九州自動車道「御船」IC から車で約60分

清水湧き立つ東御手洗社。八大龍王が鎮まる所ともいわれる。

社殿向かって右側に「天神木」と呼ばれる巨大な桧の御神木がある。

応神天皇の宮と水神宮。数多の神様を祀る。

熊本県

小一領神社

コイチリョウジンジャ

時代を感じる鳥居から階段を上ると拝殿へ。生目神社や稲荷神社も鎮座。

Information

電話　0967-72-2377
住所　熊本県上益城郡山都町浜町251
参拝時間　参拝自由
参拝料　なし
駐車場　約20台（無料）
HP　http://www.koiitiro.or.jp/

国造りの神をまつり約千年、今では恋成就の縁結び神社

寛仁2年（1018）に阿蘇神社の末社として「柳本大明神」の名前で創建され、平成30年には創建千年を迎える。戦勝を祈祷して小具足（鎧）を一領寄進されたことからその名が付いた。天皇家、出雲大社の千家とともに御三家と呼ばれる阿蘇家の守護神達がまつられている。文禄4年（1595）に、小西行長《こにしゆきなが》の家臣である結城弥平次《ゆうきやへいじ》によって焼き払われたが、元和7年（1621）に井手玄畜充政次《げんばのじょうまさつぐ》によって現在の地に再建された。

最近では「恋一路」とも呼ばれ、恋の成就神社としても親しまれている。境内には5つのハート型の彫刻や、ご縁水、アップストーンや恋みくじなど、縁結びにまつわるものが多い。また、豊作祈願の祭りとして毎年9月の第1土日に行われる「八朔《はっさく》祭」で使われる、竹や杉など自然の材料のみで作られる「大造り物」が入口で迎えてくれる。

境内のココに注目!

ご縁が回る「ご縁水」

手水は、上の丸い石がくるくる回る「ご縁水」で。手を洗い口をすすいで参拝した後は、神殿の周りにあるハートを探そう。

PICK UP

愛らしいピンク色の絵馬は300円。ハートの中に願い事をしたためよう。

石一つひとつに祈願することで、より運気アップに繋がるアップストーン。

これから巡り会いたい人、今の関係をより深めたい人、各々にお守りがある。

ご朱印

肥後の国を支配していた阿蘇家がまつられる浜町は、江戸時代には8つの酒蔵を有し、繁栄を極めた熊本の原点の町。それを刻印で表現。

ご朱印料 … 300円
拝受時間 … 8:00 ～ 17:00

ACCESS

バス停「浜町」下車、徒歩で約1分

九州自動車道「御船」IC から車で約40分

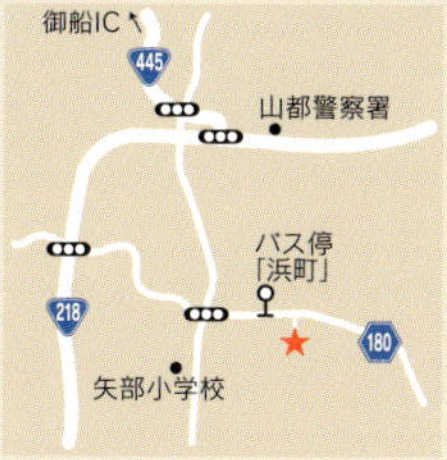

様々な種類の石から願い事に応じてオリジナルブレスレットを作成。

拝殿の中には恋みくじの他、根付や天然石入りのみくじが多数ある。

ハートは拝殿に一つ、奥の神殿に4つ。彫刻に目を奪われ過ぎないで。

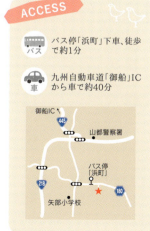

本堂奥は草一本も生えない大地。火口から煙があがる様が一望できる。

熊本県

阿蘇山本堂西巌殿寺 奥之院

アソサンホンドウサイガンデンジ オクノイン

Information

電話	0967-34-0928（阿蘇山西巌殿寺）
住所	熊本県阿蘇市黒川1809
参拝時間	参拝自由
参拝料	なし
駐車場	あり（無料）　※阿蘇山ロープウェーなどと共通
HP	http://www.saigandenji.com/okunoin/

阿蘇噴火口の近くで 縁結びの神様に願う

世界有数のカルデラで今なお火山活動を続ける阿蘇山。その火口から約1㎞の所にあるのが「阿蘇山本堂西巌殿寺奥之院」。西巌殿寺は、神亀3年（726）に最栄読師《さいえいとくし》によって開かれた。自ら刻んだ十一面観音を火口の西の巌殿（洞窟）に安置し、寺を開いたことが名前の由来。慶長5年（1600）に36坊を麓に下ろしたが、山上本堂が江戸期に立っていた。明治4年に山上本堂を下ろし、山上には明治22年（1889）に奥之院が建立された。

阿蘇山は古来から縁結びの山として信仰されており、山上の奥之院も結婚・良縁成就のご利益あらたか。2008年には熊本県内初の「恋人の聖地」にも認定された。また、建物は幾度の噴火でも壊れたことがなく、厄除のご利益もあるそう。

麓の西巌殿寺では、毎年4月に行われる「阿蘇山観音まつり」が有名で、「火渡り」や「湯立て」の荒行で無病息災を願い、毎年多くの人で賑わっている。

境内のココに注目!

紐を結んで願う「五縁結び」

赤・紫・黄・緑・白にそれぞれご利益があるとされており、結んだ先が本尊につながり直接仏様と縁結びができるという。

PICK UP

約4㎝の小さな縁結び御守。鞄などに入れて身につけて。500円。

ハローキティの絵柄のオリジナル御朱印帳1,500円。キティ柄の御守も。

10種類以上揃う縁結び御守。自分にあった縁結びを。500円～。

ご朱印

中央の「大光普照殿」はご本尊がいる場所を示す。中央印は、火炎の中に十一面観音と毘沙門天、不動明王が描かれている。他一種類。

ご朱印料 … 300円
拝受時間 … 9:00 ～ 17:00

ACCESS

電車 JR豊肥本線「阿蘇駅」下車、バスで約35分

車 九州自動車道「熊本」ICより車で約70分

本堂奥の馬頭観音。火口からあがる噴煙を間近に見られる。

火口付近からは時折煙があがる。不毛の大地に思わず息を飲む。

手足や身体の病にご利益があるとされている「足手荒神」。

社殿へと続く130段の石段。7月31日の夏大祭の際の神輿の往復も圧巻だ。

熊本県

草部吉見神社

クサカベヨシミジンジャ

130段の石段の先にある日本でも数少ない「下り宮」

Information

電話 0967-64-0355
住所 熊本県阿蘇郡高森町草部2175
参拝時間 参拝自由
参拝料 なし
駐車場 15台(無料)
HP なし

草部吉見神社は、全国でも珍しい「下り宮」。鳥居の下方に社殿があることで、宮崎県の鵜戸神宮、群馬県の貫前神社など数えるほどしかなく「日本三大下り宮」とも言われる。130段の石段を下りた先にある神社は確かに珍しい風景で、彫刻など技巧が施された豪壮な佇まいも見所だ。御祭神は神武天皇の皇子の日子八《ひこや》井命《いのみこと》で、郷で猛威を奮っていた大蛇を征伐し、池の水を東の谷に流し地を均し宮居を定めた。屋根や壁を草で葺かれた故事から「草壁」と云い、後に「草部」に改めたと伝えられる。農耕の神様として信仰されているほか、大変長命だったことから健康長寿から縁結び、厄除けまで様々なご利益があると親しまれている。また、神社横の「不老長寿の泉」は、どんな干ばつの際にも枯れたことが無く重宝がられているそう。境内の神楽殿で年に3回奉納される「草部吉見神楽」も機会があれば訪れたい。

境内のココに注目！

こんこんと湧き出る泉

神社下方の吉ノ池の「長命の泉」は、干ばつの際にもこんこんと湧き出で、御祭神の長寿に因み長命水として親しまれている。

PICK UP

身体健全・開運招福のミニミニサイズの肌身御守。300円。

結びきりの水引が施された交通安全の御守。吸盤&鈴付き。500円。

赤に紫、紺に金色の刺繍がされた柄の御守。500円。

ご朱印

中央に神社名と印鑑を配したシンプルなご朱印。日本三大下り宮の印も押される。神社には普段常駐していないので確認が必要だ。

ご朱印料 … 300円
拝受時間 … 9:00 ～ 17:00

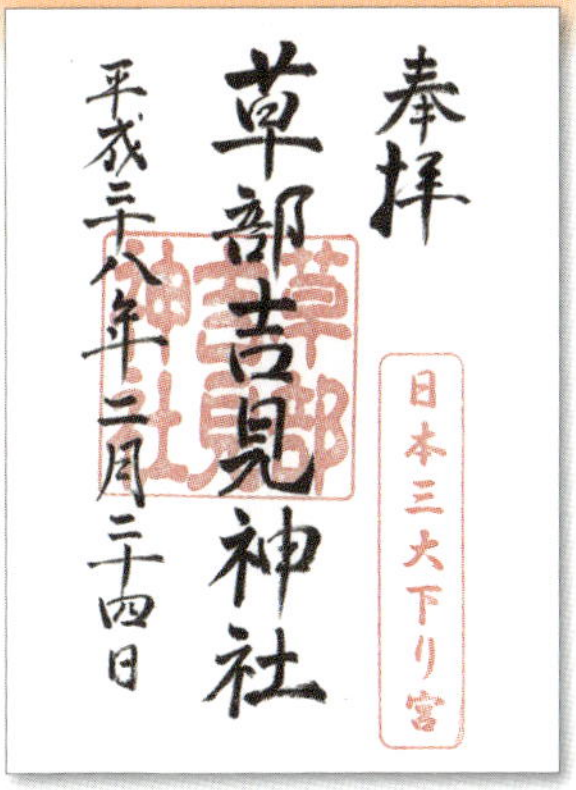

ACCESS

バス　バス停「吉見神社前」下車、徒歩で約1分
※月・木3便

車　南阿蘇鉄道「高森駅」から車で約24分

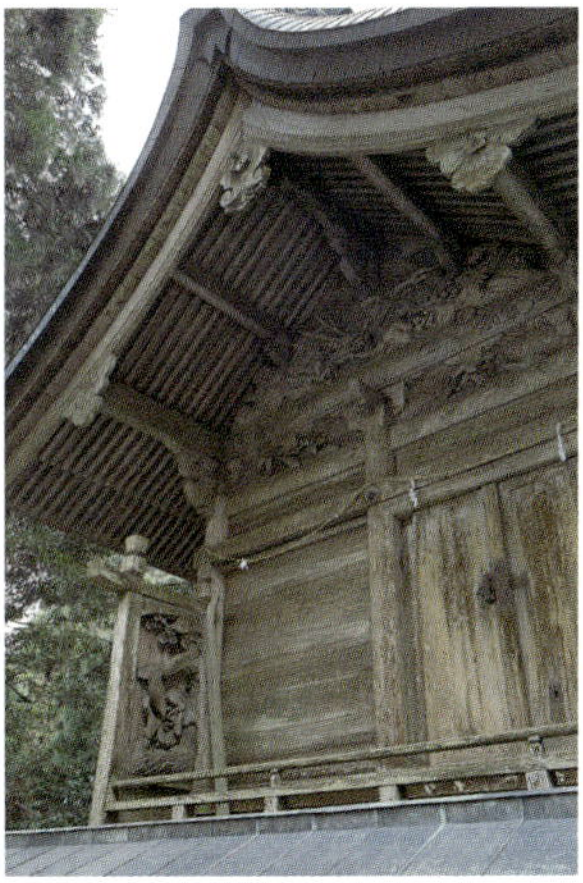

本殿に施された彫刻は必見。細かな細工と情景が素晴らしい。

高千穂岩戸系神楽を伝承する「草部吉見神楽」が奉納される神楽殿。

神社の東約200mの所にある御祭神の御陵。高塚式の古墳。

熊本県

阿蘇白水龍神権現

アソハクスイリュウジンゴンゲン

テレビで紹介され、金運(宝くじ当選)や商売繁盛の祈願に来る人も多いそう。

Information

電話　0967-62-8060
住所　熊本県阿蘇郡南阿蘇村中松3290-1
参拝時間　8:00〜17:00
参拝料　なし
駐車場　40台(無料)
HP　http://aso-sirohebi.com/

生きた白蛇に会える 霊験あらたかな阿蘇の神社

平成12年及び13年にこの地で白蛇が3体発見されたことから神社が建立され、通称「白蛇神社」と呼ばれている。元々白蛇は神の使いとして太古より崇められており、脱皮を繰り返し傷一つない姿になることから、再生や蘇り、生命の象徴とされてきた。また弁財天の化身としても信仰され、厄払いや病気平癒、子宝や健康長寿、出世や繁栄をもたらすと信じられている。

この神社では生きた白蛇が祀られているとあって、遠方から訪れる参拝客も多い。境内には、白蛇を御神体、弁財天・宇賀神《うがじん》・八大龍《はちだいりゅう》王《おう》を主祭神とした本殿があり、他にも白蛇発祥の「岩屋」、水盤でお金を洗い清める「銭洗い弁財天」がある。また、蛇にかかわる御守があるのも特徴だ。

春に参拝する際には、近くにある「一心行の大桜」を訪れたい。毎年3月下旬〜4月上旬頃に、樹齢約400年の大樹が花を咲かせている。

境内の
ココに注目!

白蛇さんに会おう

境内の白蛇様拝観所(9:00〜16:30)では生きた白蛇に会うことができる。白、黄金色の神秘的な姿に、手を合わせる人も多い。

PICK UP

白蛇の衣(脱皮した皮)が付いた「護符」5,000円〜。名入れもあり。

自然石を用いた「身(巳)御守」は制作後に白蛇に潜ってもらうそう。4,500円〜。

安産子宝や縁結びの御守のほか、白蛇の絵馬や根付も。500円〜。

ご朱印

中央に神社名と神社の角印を配する。白蛇の金印が二カ所に押されており、「白蛇神社」らしいご朱印だ。他、お稲荷様朱印がある。

ご朱印料 … 300円
拝受時間 … 8:00 〜 17:00

ACCESS

電車 南阿蘇鉄道「中松駅」下車、徒歩で約25分

車 九州自動車道「熊本」ICから車で約45分

清流に願い事を書いた身代わり人形を流す「悲涙流し」。

より多くの利益をもたらすと言われている「銭洗い弁財天」。

人々に福徳を授けてくれるとして信仰されている「七福神像」。

熊本県

大津日吉神社

オオヅヒヨシジンジャ

静かで厳かな空間の境内。猫が日向ぼっこするなど癒しの雰囲気広がる。

Information

電話	096-293-2064
住所	熊本県菊池郡大津町大津2184-1
参拝時間	参拝自由
参拝料	なし
駐車場	20台(無料)
HP	なし

神猿さんに見守られながら大津の町を一望

小高い丘の上にある日吉神社は、全国3800社あるという滋賀県の日吉大社の分霊社の一つで、御祭神は大山咋神《おおやまくいのかみ》など9神を祀る。特徴的なのは、神使が「お猿さん」なこと。神猿で「まさる」と呼ばれ、「魔去る・勝る・増さる」に通じる魔除・厄除、開運の神と尊ばれている。また親子の愛情が深く沢山子供に恵まれることから、稼業繁栄・夫婦円満・子授け・安産などの守護神と親しまれている。境内にはいたる所に「まさるさん」がおり、何体いるのか探すのも楽しみ。

元々は、藩主の参勤交代の道中安全や武運長久、旅人の安全や五穀豊穣を祈る氏神として崇められたもので、今では日常生活の全ての「魔」を除き福を授ける神様として信仰されている。

また、神社の周りにはつつじが植えられており、「日吉つつじ」として祭りも行われるなど、町の憩いの場としても親しまれている。

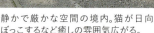

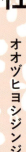

境内のココに注目!

願いを込めて「五猿」像

山王神猿「五猿(御縁)」像は、想いを込めて猿の体を撫でて祈願するそう。四方につるされた「くくり猿」も可愛らしい。

PICK UP

金色の尾が可愛らしい「神猿(まさる)守」ストラップ付き。600円。

まさるが描かれた、心願・金運・厄除・健康の鮮やかな御守。600円。

珍しいサッカーの御守と絵馬。日本サッカー連盟公認のもの。700円。

ご朱印

神社名と印を中央に配し、肥後大津町鎮座の印が押される。下方にはつつじの名所としての参拝記念印も押印されアクセントに。

ご朱印料 … 300円
拝受時間 … 8:30 ～ 17:00

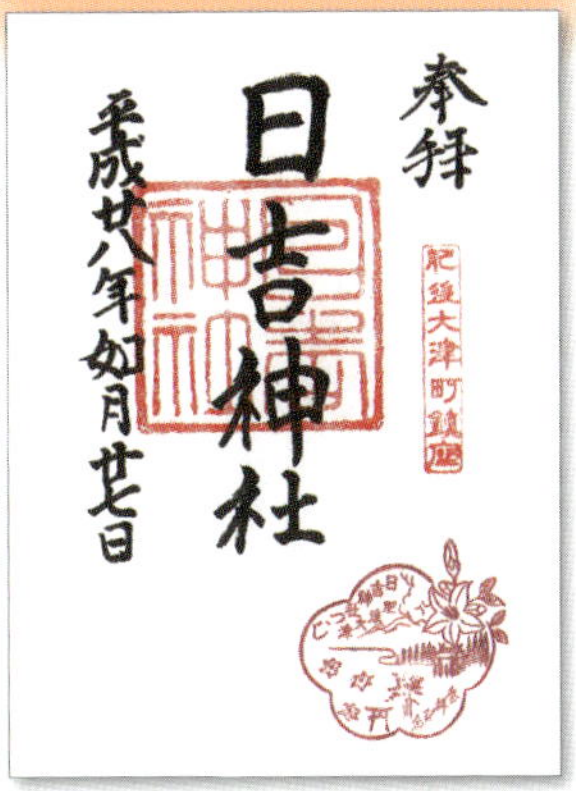

ACCESS

電車 JR豊肥本線「肥後大津駅」下車、徒歩で約14分

車 九州自動車道「熊本」ICから車で約20分

境内にある楠の御神木。左右対称に枝が広がる様は圧巻。

拝殿前には狛犬ではなく雌雄の「まさる」が設置されている。

赤やピンク、白に染まるつつじは4月～5月にかけて花を咲かせる。

大きな円形の「心経門」が入口。仁王門、大仏様へ一直線に延びる参道へ続く。

熊本県

蓮華院誕生寺 奥之院

レンゲインタンジョウジ オクノイン

Information

電話	0968-74-3533
住所	熊本県玉名市築地1512-77
参拝時間	9:00〜17:00(最終受付16:30)
参拝料	大人200円、小人150円
駐車場	700台(無料)
HP	http://www.okunoin-ren.jp/

境内全体がパワースポット 一願成就《いちがんじょうじゅ》と修行の寺

皇円大菩薩《こうえんだいぼさつ》をご本尊としてまつる真言律宗「蓮華院誕生寺」の別院として、昭和53年に建立された「奥之院」。「肥後《ひご》の阿闍梨《あじゃり》」と呼ばれた皇円上人は、藤原《ふじわらの》重兼《しげかね》の長男として玉名市に誕生し「末法《まっぽう》の世」と言われた平安末期の混乱を救済すべく比叡山で修行。その間に日本三大歴史書の一つ「扶桑略記《ふそうりゃっき》」を編述した。

　仏門を志し修行する僧侶や、一般在家の「写経」、「阿字観（座禅）」などの修行道場としての役割を果たす一方で「一願成就」、「厄祓い」の寺としてもその名は広まっている。

　境内には、五重塔をはじめ、九州第二の大仁王尊・仁王門、仏教の基本理念に基づいて設計された大梵鐘、厄皿投げの場など見どころも多数。また、直径40cmの大茶碗でお茶を飲む「大茶盛《おおちゃもり》」や、横綱の土俵入、盆梅展など様々な行事も行われている。

境内のココに注目！

世界一の大梵鐘「飛龍の鐘」

直径を9尺5寸(2.88m)、満願成就を願い重さを一万貫(37.5t)とした大梵鐘。毎日11:50から参拝者の願いを込めてお参りする。

PICK UP

素焼きの皿に願い事を書き、谷に向かって投げると願いが叶う。一枚300円。

紺色に金糸の御朱印帳1,500円。表には心経門、裏には五重塔が描かれている。

玄関先に飾ると家を厄から守ってくれるといわれる「厄除鈴」1,200円。

ご朱印

ご本尊のご宝号である南無皇園大菩薩の力強い文字が配された御朱印。五重塔の1層で頂ける。

ご朱印料 … 300円
拝受時間 … 9:00～17:00(最終受付16:30)

ACCESS

電車 JR鹿児島本線「玉名駅」下車、車で約25分

車 九州自動車道「菊水」IC から車で約20分

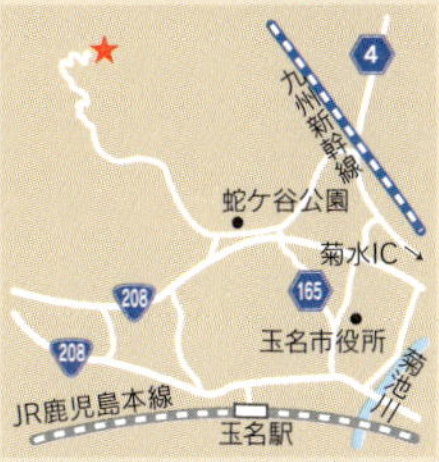

各層が修行道場の五重塔。5層に縁結びご利益のある「なで仏」が鎮座。

女坂32段、男坂60段を上った先に鎮座する皇円大菩薩の大仏様。

有明海を一望できる展望所には澄んだ音を響かせる縁結びの鐘がある。

向拝に張られた大しめ縄は、毎年町内や総代会の方たちにより奉納される。

熊本県

大宮神社

オオミヤジンジャ

Information

電話	0968-44-1257
住所	熊本県山鹿市山鹿196
参拝時間	参拝自由（燈籠殿は8:00～16:30）
参拝料	なし（燈籠殿は大人200円、小・中学生100円、未就学児無料）
駐車場	100台（無料）　※大型バス駐車可
HP	http://www.geocities.jp/oomiya_j/

山鹿の里の産土大神《うぶすなおおかみ》にして「山鹿灯籠」起源の御社

第12代景行天皇をまつる大宮神社は、毎年8月に行われる例祭「山鹿灯籠まつり」発祥の地。景行天皇はここに行在所《あんざいしょ》を設け、里人たちはその日から毎年、たいまつを献上し続けたという。例祭では、室町時代から続く伝統神事「上がり燈籠」をはじめ、たいまつ行列、灯籠踊りなど、様々な神事が行われる。

　また、大宰府の将監だった初代菊池氏、則隆《のりたか》が阿蘇12神を勧請し、田地36町歩を寄進。本殿は宝暦5年（1755）大風のため倒壊したが、楼門、神楽殿と共に細川重賢《しげかた》により再建された。

　境内には本殿の他、奉納された山鹿灯籠を保存展示する燈籠殿の他、多くの境内社があり、様々な神がまつられている。境内にある八坂神社では毎年6月に祇園祭が行われ、無病息災の御守「犬子ひょうたん」を受ける参拝者で賑わいを見せ、この日から浴衣を着始める「初かたびら」という習慣が残る。

境内のココに注目!

「三十六歌仙絵馬額」も圧巻

灯籠祭「上がり燈籠」で奉納された山鹿灯籠を約30基保存展示。毎年全て新しいものと入れ替え、古いものは先着順で譲ってもらえる。(有料)

PICK UP

古代色のえび茶やさび青を使った御守は、灯籠が光り輝いている。

和紙と少量の糊だけで作る山鹿灯籠。柱や桟に至るまで中が空洞なのが特徴。

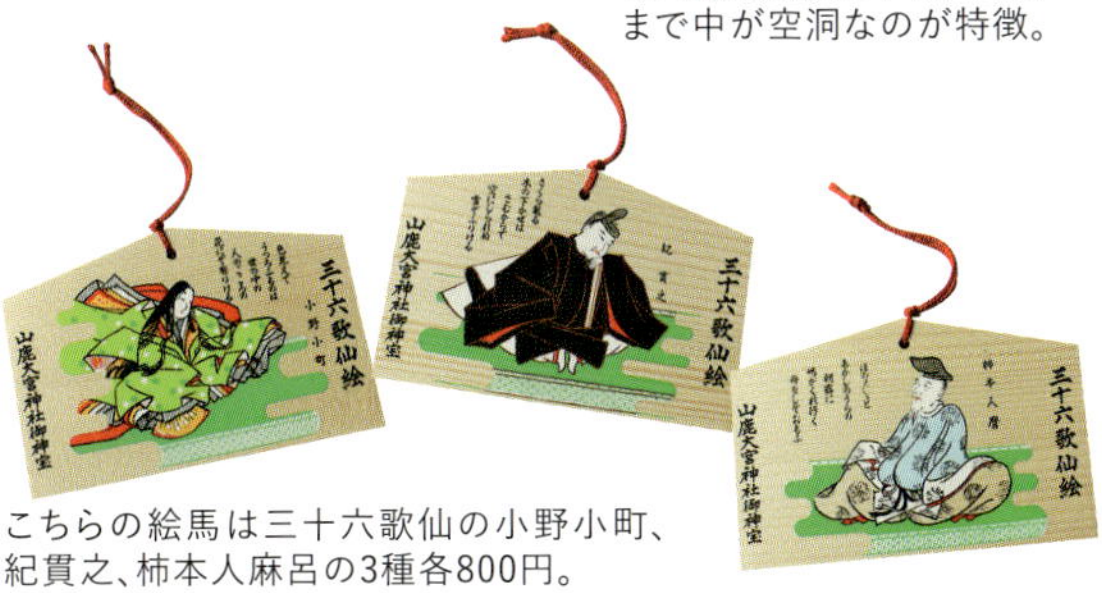

こちらの絵馬は三十六歌仙の小野小町、紀貫之、柿本人麻呂の3種各800円。

ご朱印

雲のようなデザインを施した印が、景行天皇奉迎伝説を思わせる。全体的に華美なフォントやデザインはなく、シンプルにまとまっている。

ご朱印料 … 300円
拝受時間 … 8:00～16:30

ACCESS

バス停「シルバー人材センター入口」または「山鹿栄町」下車、徒歩で約5分

九州自動車道「菊水」ICから車で約15分

ご神木の実がなる雌木のモクセイ。子孫繁栄や努力が実るなど縁起が良い。

江戸期に京都の八坂神社を勧請。小さな鳥居をくぐり無病息災を祈願。

九州一の数49基の猿田彦大神の石碑群。最も古いのは享保18年(1733)。

象の姿をした聖天様は、住職以外目に触れることができない。

熊本県

護国山 金剛乗寺

ゴコクザン コンゴウジョウジ

九州八十八ヵ所霊場百番札所でもある山鹿の湯の寺

Information

電話	0968-43-3539
住所	熊本県山鹿市九日町1592
参拝時間	参拝自由
参拝料	なし
駐車場	10台（無料）
HP	http://loveshaman.web.fc2.com/

天長2年、真言宗の祖師である弘法大師・空海によって開かれた山鹿最古の寺。かつては屈指の大伽藍《だいらかん》で「西の高野山」と呼ばれていた。室町時代、山鹿の温泉が突然枯れた際に、当時の住職であった宥明法印《ゆうめいほういん》が薬師堂を建て、不借身命の祈りを捧げたところ、以前に勝る勢いで湯が湧き出した。以来、温泉の再湧した日に宥明法印の功績を称え復活感謝祭を行い、春に行われる温泉祭を取り仕切っている。

また、宥明法印が亡くなる際に、紙細工の名人・山口兵衛が数百の紙灯籠を作り、霊前に供えたのが山鹿灯籠の起こりとも言われている。さらに、毎年2月に行われる竹や和傘の灯りの演出で知られる「百華百彩」の会場の一つでもある。

ご本尊は薬師如来。本堂には薬師如来、弘法大師・不《ふ》動明王《どうみょうおう》がまつられ、境内には修復された如意輪観音堂があり、見事な仏像を見ることができる。

境内のココに注目!

市指定文化財の参道の石門

めがね橋築造技術を生かした国内でも数少ない構造で文化元年(1804)に建立。円形から縁結びにご利益があるとも言われる。

PICK UP

多色ある小ぶりで使いやすい数珠は一つ700円。お守りと一緒に購入したい。

石門をくぐった先にそびえる、弘法大師の像。現住職祖父により建立された。

欲望の飢えと乾きの余り、餓鬼界に落ちた亡者に食事を施す生食台(さばだい)。

ご朱印

中央の印にもなっている一番上の文字はサンスクリット語で「バイ」と読み、「薬」を意味する。つまり、薬師如来は医者のことである。

ご朱印料 … 300円
拝受時間 … 8:00〜18:00

ACCESS

バス停「山鹿バスセンター」下車、徒歩で約5分

九州自動車道「菊水」ICから車で約15分

脳や心臓など、体の一部とともに惑星の配置も表している法輪曼荼羅。

宥明法印の再来を待ち、花を咲かせず蕾のまま散る童子椿は三代目。

薬師堂があるのは、時を経て再生した山鹿の元湯「さくら湯」の前。

阿蘇スーパーリング《あそすーぱーりんぐ》

最寄りの寺社 阿蘇山本堂西巌殿寺 奥之院

阿蘇山ロープウェー阿蘇山西駅の2階にある、日本最大級の常設型屋内プロジェクションマッピング施設。直径6mの円形ジオラマスクリーンに、阿蘇の四季やそこで暮らす人々の営み、通常は見る事のできない活火山の火口内部などが色鮮やかな映像で次々に映し出される。2016年3月現在では、活発な火山活動を続けている阿蘇中岳。火口周辺の1Km圏内は立ち入り規制中だが、阿蘇スーパーリングや草千里ヶ浜などは噴火活動前とかわらず楽しめる。

もくもくと噴煙が上がる姿を真近で見る事ができる。

DATA

交通アクセス／JR豊肥本線「阿蘇駅」からバスで約35分　**住所**／熊本県阿蘇市黒川808-5　**電話**／0967-34-0411　**時間**／8:30～18:00(3/20～10/31)、8:30～17:00(11/1～11/30)、9:00～17:00(9:00～17:00)　**休み**／無休　**料金**／中学生以上500円、小学生250円　**駐車場**／80台

そば街道《そばがいどう》 花郷庵《かごうあん》

最寄りの寺社 阿蘇山本堂西巌殿寺 奥之院

創業20年以上の由緒あるそばの名店。阿蘇小国の湧水を使い、毎日手打ちされることでしっかりとしたコシを持った手打ちそばはのどごしがGOOD!名物舞茸の天ぷらも人気。

阿蘇中岳から黒川温泉に向かうと見えてくるそば街道の中の名店。

DATA

交通アクセス／JR豊肥本線「阿蘇駅」から車で約30分　**住所**／熊本県阿蘇郡南小国町赤馬場戸無(そば街道)　**電話**／0967-42-0193　**時間**／10:00～17:00　**休み**／水曜　**料金**／そばづくし1,680円、そば御膳1,900円　**駐車場**／20台

のほほんcafe Bois Joli《のほほんかふぇ ぼわじょり》

最寄りの寺社 阿蘇白水龍神權現

イギリスの田舎暮らしをイメージし創られた絵本のようなカフェ。身体に優しく安心安全をテーマに、1食で沢山の品目を食べて欲しいと、地場の野菜をたっぷり使用したランチや手作りスイーツがそろう。

南阿蘇産の全粒粉を使用したナチュラルスコーン。

DATA

交通アクセス／南阿蘇鉄道高森線「南阿蘇水の生まれる里白水高原駅」から車で約12分　**住所**／熊本県阿蘇郡南阿蘇村河陰409-5　**電話**／0967-67-3016　**時間**／11:30～17:00　**休み**／木・金曜　**料金**／ピクニックランチ1,300円　**駐車場**／5台

コッコファーム《こっこふぁーむ》 たまご庵《たまごあん》

最寄りの寺社 大津日吉神社

「一軒の農家の直売所」をコンセプトに、物産館・レストラン・農産加工室・バナナ館などの施設に年間100万人以上が集まるコッコファーム。物産館では自社農場で生産された、たまごや鶏肉はもちろん、数多くのたまごと鶏肉の関連商品と周辺の生産者が持ち寄る野菜や果物が並ぶ。卵料理が自慢のレストランでは親子丼とオムライスが人気。噛む程に風味が広がる自社ブランドの「紅うどり」の肉と新鮮なたまごとの相性がバッチリ。

手作りのたまごをふんだんに使ったスイーツも人気。

DATA
交通アクセス／熊本空港から車で約35分　**住所**／熊本県菊池市森北1077　**電話**／0968-24-0007　**時間**／10:00～20:00　**休み**／1月1日・2日　**料金**／オムライス771円、親子丼771円※いずれも単品　**駐車場**／140台

K DESIGN《けい でざいん》

最寄りの寺社 大宮神社、護国山 金剛乗寺

ファッション系や雑貨、インテリアやハンドメイド作品など幅広い年齢層に人気のアイテムショップ。軽くて折りたためる日本野鳥の会の長靴は人気の商品。普段使用のブーツとしてもGOOD!

頭の先からつま先まで揃う、女性に人気のバラエティ溢れる品揃え。

DATA
交通アクセス／JR鹿児島本線「荒尾駅」から車で約15分　**住所**／熊本県荒尾市本井手1558-117 メゾン・ド・緑ヶ丘1F　**電話**／0968-66-1199　**時間**／10:00～19:00　**休み**／年末年始(不定休あり)　**料金**／カードケース953円、日本野鳥の会の長靴4,400円～　**駐車場**／12台

古道具《ふるどうぐ》・手作り雑貨《てづくりざっか》 つむぐ《つむぐ》

最寄りの寺社 蓮華院誕生寺 奥之院

大正から昭和初期に使用されていた日本の古道具がメインのレトロ雑貨店。ハンドメイド商品もラインナップされており、作家co.coloさんの服はココだけで扱っている人気アイテム。

古き良き時代へタイムスリップした感覚になる空間。

DATA
交通アクセス／JR鹿児島本線「玉名駅」から徒歩約20分　**住所**／熊本県玉名市高瀬286　**電話**／080-1762-8372　**時間**／11:00～16:00　**休み**／日曜・祝日(不定休あり)　**料金**／ガラスティーカップ1,000円、バルーンワンピース5,800円　**駐車場**／なし

熊本県

粟嶋神社

アワシマジンジャ

社殿の前に設置されたミニ鳥居。どれも縦横30㎝ほどの大きさだ。

Information

電話	0964-22-1197
住所	熊本県宇土市新開町557
参拝時間	参拝自由
参拝料	なし
駐車場	50台（無料）
HP	http://www.awashima.or.jp/

日本一?!のミニ鳥居を潜る 上手に抜けて健康祈願

田園風景の中に佇む粟嶋神社は、小さな小さな鳥居をくぐることで祈願するとよく知られる。境内にある3基の鳥居は約30㎝四方で全国でも有数の小ささ。願いをこめながらくぐることで、安産や腰の病、無病息災などのご利益があると伝えられているそう。毎年春や秋の例祭の折には多くの参拝客が訪れ、何度もやり直す姿に鳥居周辺は笑顔に包まれている。

寛永10年（1633）創建で、御祭神は少彦名命《すくなひこなのみこと》。国土の開発や医薬健康、諸業繁栄などにご利益があるとされている。鳥居が設置されたのは文化11年（1814）のことで、農作業などで足腰に痛みを持った人々がこの鳥居をくぐると、腰が伸び痛みも和らぐと言われ「腰延べ鳥居」とも呼ばれ親しまれている。今でも境内の一角には当時の鳥居が残されており、今昔変わらない風景があったのだと偲ばせる。

境内のココに注目!

小さな鳥居によっこいしょ

その見た目に「くぐれないかも」という声が聞かれるものの、「意外に大丈夫ですよ」と宮司。チャレンジしてみよう。

PICK UP

無事安産の願い想いを分かち合う「夫婦安産祈願御守」1,500円。

中央の星を八星が囲む九曜紋が描かれた「しあわせ御守」1,000円。

赤白の間に授の文字が。夫婦で持ち合う「子授け御守」1,000円。

ご朱印

粟嶋大明神と神社名の印鑑を中央に、奉拝の文字を右肩に配したシンプルなご朱印ながら、流れるような文字が美しい。

ご朱印料 … 300円
拝受時間 … 8:00 ～ 17:00

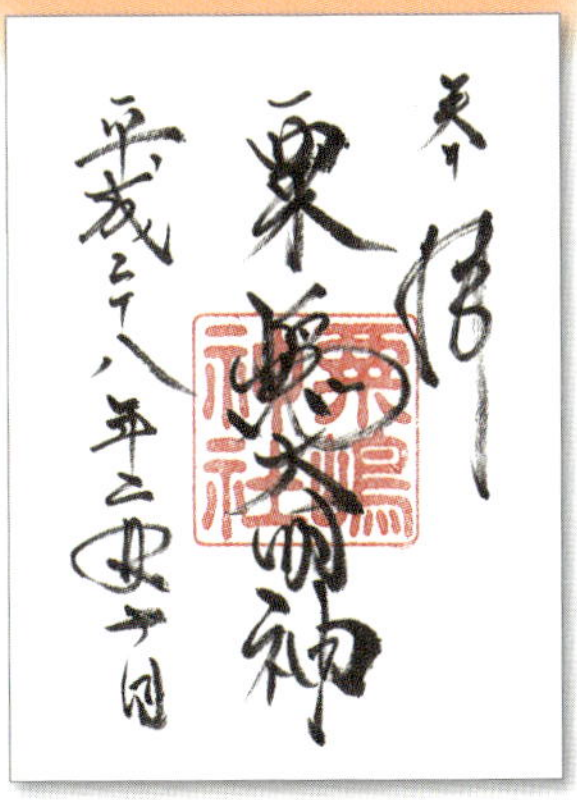

ACCESS

電車 JR三角線「緑川駅」下車、徒歩で約10分

車 九州自動車道「松橋」ICから車で約20分

初代ミニ鳥居。現在使われていないものの参拝客を見守り続けている。

3基の鳥居のほか、3月・11月の例祭の時のみくぐれる黄金の鳥居も。

鉛筆の形をした「合格鳥居」。試験の時期には多くの学生で賑わう。

熊本県

八代神社

ヤツシロジンジャ

鮮やかな朱色が映える社殿。妙見祭関連の常設展示館も併設している。

Information

電話	0965-32-5350
住所	熊本県八代市妙見町401
参拝時間	8:30～17:00
参拝料	なし
駐車場	50台（無料）
HP	なし

３１６年振りの新たな姿 妙見祭で知られる神社

地元から親しみを込めて「妙見さん」と呼ばれる八代神社。上宮・中宮・下宮からなり、現在本宮である下宮は、文治2年（１１８６）に後鳥羽《ごとば》天皇の勅願によって創建された。御祭神は天之《あめの》御中主神《みなかぬしのかみ》・国之常立尊《くにのとこたちのみこと》。明治維新までは「妙見宮」と呼ばれ、妙見神は北極星と北斗七星の星辰信仰が神道や仏教と集合した神様だ。

毎年11月22・23日に行われる「妙見祭」は、国の重要無形民俗文化財に指定されており、九州三大祭りとして10万人を超える人出で賑わう。また、5月31日夜から行われる「氷室祭」は、八代城主だった細川忠興《ただおき》が無病息災を祈念して始まったもの。雪を模した雪餅が年に一度この日だけ作られる。

平成27年に３１６年振りに全解体され生まれ変わった本殿は、朱色が目に鮮やか。彫刻も新たに作り直されており、歴史建造物の新たな姿を見るまたと無い機会だ。

境内のココに注目！

極彩色の様々な彫刻は必見

改築に伴い彫刻も新たに復刻。千鳥破風には鶴や力神が施され、象や獅子、犀や龍など様々なモチーフが並ぶ。

PICK UP

北極星・北斗七星を神格化した妙見神の御守1,000円。

金運や幸御守のほか、亀蛇の描かれた御守もある。500円。

妙見神が乗って海を渡ったという亀蛇（キダ）を描いた飾り絵馬1,500円。

ご朱印

神社名を中央に、右には肥後国八代市妙見町鎮座の文字。神社角印には妙見宮の文字を囲むように、まが玉や雲、鏡や剣が描かれている。

ご朱印料 … 300円
拝受時間 … 8:30 ～ 17:00

ACCESS

電車 JR鹿児島本線「八代駅」下車、車で約6分

車 九州自動車道「八代」ICから車で約3分

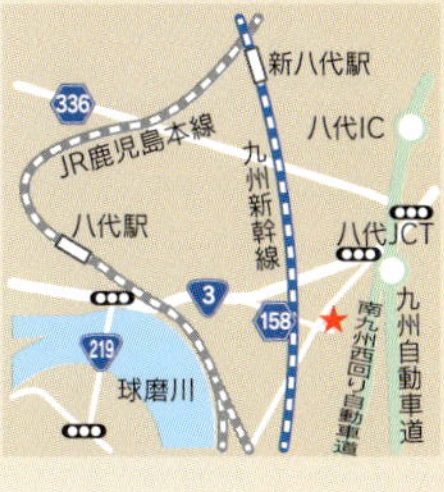

拝殿内も朱色を基調とした色彩に包まれる。天井には「鎮國」の文字。

ガメと呼ばれる亀蛇を操るさまは妙見祭のハイライトのひとつ。

氷室祭で作られる雪餅の制作風景。祭りでは実際に雪が奉納される。

「将軍さん」の愛称で親しまれている八代宮。厳かな雰囲気が漂う。

熊本県

八代宮

ヤツシログウ

Information

電話	0965-35-2448
住所	熊本県八代市松江城町7-34
参拝時間	参拝自由
参拝料	なし
駐車場	なし
HP	なし

南北朝の「将軍さん」を祀る 風光明媚な城跡に建つ神社

八代宮は国指定史跡の八代城跡にある神社。創立は明治13年（1880）。御祭神は主神・懐良親王《かねながしんのう》、配祀・良成親王《りょうせいしんのう》。南北朝時代の後醍醐天皇皇子の懐良親王が、九州に置かれた征西府の大将軍になり九州一円を転戦した。その御墓が八代に決定されたことから、征西大将軍宮を祀りたいという地元の願いがかない、廃城になった八代城本丸跡に八代宮を設置することになったという。ご利益は家内安全・武運長久で、勝負事や試験、病気、商いに勝つことを願う参拝客が多いそう。なにより、城跡内に神社社殿が建てられているのは全国的にも珍しい。天守閣などは全て失われているものの、お濠や石垣は当時のままを残しており、お濠に掛けられた橋の向こうに社殿のある佇まいがなんとも美しい。城跡は歴史公園として開放されているので、参拝後にゆっくりと散策するのがお勧めだ。

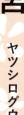

境内のココに注目！

眺め良い城跡を散策

本丸内に境内があるため、周囲には城跡がそのまま残る。特に大天守跡は高さ18mあり、眼下の八代市街の眺めが素晴らしい。

PICK UP

桜の形に開く可愛らしい「爛漫 桜咲くみくじ」300円。

勝守・必勝御守・商御守の他、身代板御守なども人気。500円～。

扇を射抜く武士や馬が描かれた奉納絵馬。1,000円。

ご朱印

神社名の字数・字画が少ないこともあり、シンプルながら引き締まった印象のご朱印。平成26年に国指定史跡になった城跡の押印も。

ご朱印料 … 300円
拝受時間 … 8:30 ～ 16:30

ACCESS

バス　バス停「八代宮前」下車、徒歩で約1分

車　九州自動車道「八代」ICから車で約15分

本丸内には、岩と木々が織りなす枯山水の庭園の一部が残る。

平成9年の霊社改築に伴う調査で出土した、八代城本丸の井戸跡。

石垣からは眼下に社殿が見える。社殿を見下ろす風景も珍しい。

熊本県

青井阿蘇神社

アオイアソジンジャ

拝殿でお参りしたあとは、本殿まで回り匠の建築の技を堪能したい。

Information

電話 0966-22-2274
住所 熊本県人吉市上青井町118
参拝時間 参拝自由
参拝料 なし
駐車場 35台(無料)
HP http://www.aoisan.jp/

国宝

熊本県内唯一の国宝 茅葺社寺建築に魅了される

平成20年に熊本県内初の国宝となった青井阿蘇神社は、茅葺の社寺建築としては全国で初めて指定された。大同元年(806)に創建され、阿蘇神社の御祭神十二神のうち、健磐龍命《たけいわたつのみこと》とその妃の阿蘇津媛命《あそつひめのみこと》、二人の子供の國造速甕玉命《くにのみやつこはやみかたまのみこと》が祀られている。見所となるのはやはり一括国宝指定となった社殿群で、現在の建物は慶長15年(1609)から18年の4年間をかけて造営されたもの。桃山様式と呼ばれており、急勾配の茅葺屋根の軒から黒漆塗を基調としつつ、木組物などに赤漆が使われる景色は、圧倒されるほどの豪壮な雰囲気を醸し出す。思わず背筋が伸びてしまいそうになるほどの厳かな空間だ。また、隣接する「文化苑」は、旧青井大宮司家の屋敷で一般開放されている。主屋に加え土蔵や日本庭園など見所も多いので、参拝の折には是非立ち寄ってみたい場所だ。

境内のココに注目!

見るものを圧倒させる楼門

黒・赤・緑などの極彩色に彩られた桃山様式の楼門は、写真スポットとして人気。天井には龍の絵が描かれている。

PICK UP

龍神が描かれたシックなものや鮮やかな黄色の御守1,000円。

黒を基調として雲の模様と龍神が描かれた「ご朱印帳」1,500円。

竹しおり300円には今は色あせた社殿彫刻の当時の色彩が使われる。

ご朱印

神社名を中央に配したシンプルなデザインで、右肩には国宝の文字。中央角印の神社名と参社を囲む模様は雲と言われている。

ご朱印料 … 300円
拝受時間 … 8:30 ~ 17:00

ACCESS

電車 JR肥薩線「人吉駅」下車、徒歩で約4分

車 九州自動車道「人吉」ICから車で約7分

本殿向かって右側には人吉市天然記念物の御神木の大楠がある。

ご朱印帳や御守に描かれる龍神は拝殿と本殿を繋ぐ廊にある。

「文化苑」は一旦売却されたが平成22年に再び神社と一つになった。

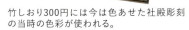

寺の入口の山門の先にある「鐘楼門」。阿吽の仁王像が設置してある。

熊本県

永国寺

エイコクジ

Information

電話	0966-22-2458
住所	熊本県人吉市土手町5
参拝時間	8:00～17:00
参拝料	なし
駐車場	20台（無料）
HP	なし

西郷さんが本陣とした世にも奇妙な「幽霊寺」

別名「幽霊寺」として有名な永国寺は、応永15年（1408）に実底超真《じっていちょうしん》和尚が開山した。幽霊寺と呼ばれるのは一本の掛け軸がその由縁。実底和尚が寺の池に現れた幽霊を描いたもので、これを幽霊に見せると己の醜い姿に驚き、和尚に引導を渡して欲しいと懇願し成仏したという。今ではその池は、春はつつじや海棠《かいどう》、夏には睡蓮が咲き乱れる風光明媚な場所になっている。

また、明治10年（1877）西南の役の際には、西郷隆盛が撤退する際にこの寺に本営を置き、33日間在陣したことから、ファンがその軌跡を求めて訪れるスポットにもなっているそう。

ちなみに現在本堂は130年振りに建て替えが進められている（平成28年12月に完成予定）。幽霊の掛け軸は現在レプリカが展示されており、毎年8月の第1土曜に行われる「ゆうれい祭り」で年に一度だけ公開されているそう。

境内のココに注目!

髪を乱した鬼の形相の掛け軸

地名の士が囲った妾が、本妻の嫉妬に悩み球磨川に身を投げ非業の死を遂げた。その怨みが幽霊となり本妻を苦しめたそう。

PICK UP

香り良いお線香を求めてまとめて購入する人もいるとか「蓬莱香」500円。

腕輪念珠の「叶(かなう)念珠」は色違いの2種類。500円。

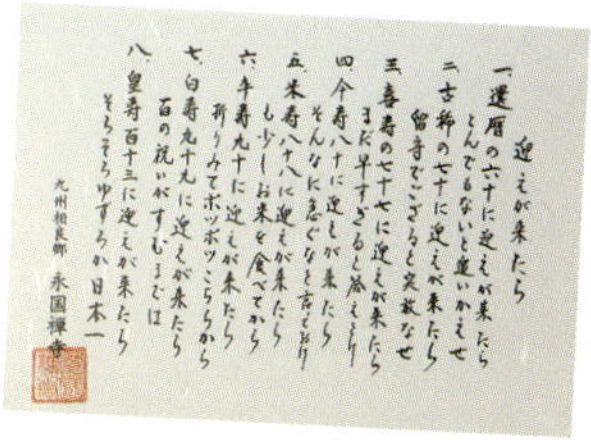

人生六十からの言葉が書かれた「迎えがきたら」の色紙。300円。

ご朱印

中央には「お釈迦様におまかせする」の意をもつ南無釈迦牟尼佛の文字と三宝印が押されている。永国寺と共に「永国禅寺」の角印も。

ご朱印料 … 300円
拝受時間 … 8:00 ～ 17:00

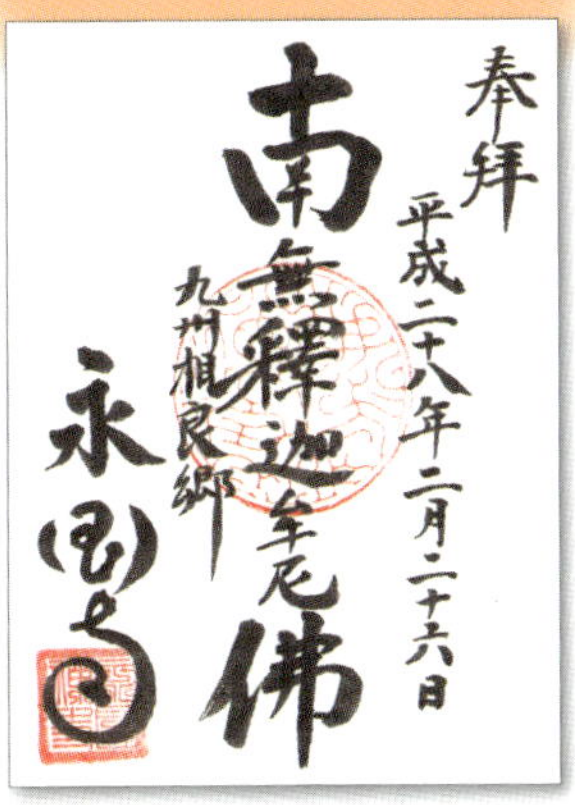

ACCESS

電車 JR肥薩線「人吉駅」下車、徒歩で約11分

車 九州自動車道「人吉」ICから車で約10分

今も現存する池に咲く睡蓮は、5月下旬～7月の梅雨時期が見頃。

寺の入口にあたる「山門」。永国寺の後ろには蓬莱山がそびえている。

本堂前にある西郷隆盛の甥従徳が建立した「西郷隆盛先生之遺跡」。

グッズ特集

ご利益いろいろ！ かわいいお守りなどのグッズを紹介。

蒲生八幡神社
(掲載 p120)

境内の大楠の枝から作られた大楠のしおり。ハート形と短冊形の2種類。各300円。

蒲生八幡神社
(掲載 p120)

大楠の絵が入ったミニ絵馬付きのおみくじ300円。記念に持って帰る人も多い。

霧島神宮
(掲載 p118)

商売繁盛・厄除けの縁起物として親しまれてきた九面守(全9種)。工面(九面)がよくなるといわれている。各700円。

蒲生八幡神社
(掲載 p120)

大楠の絵が入った通帳入れ800円。金運を呼び込むとされる黄色の布地がGOOD！

髙橋稲荷神社
(掲載 p28)

バッグなどに結んでもかわいい、七福神の人形がついた七福神守800円。

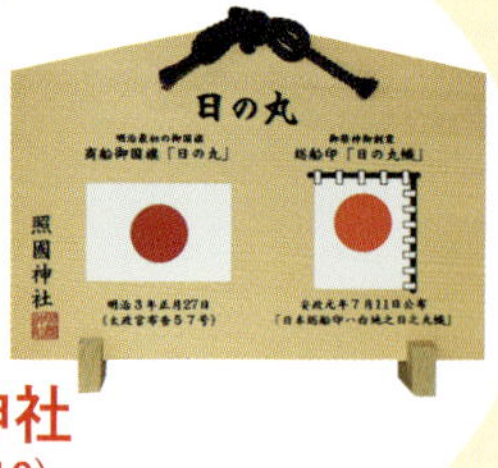

照國神社
(掲載 p110)

祭神である島津斉彬が提案した「日の丸」が江戸幕府で決定したのが国旗の始まりと言われている。それをモチーフにした日の丸絵馬1,000円。

足手荒神(甲斐神社)
(掲載 p38)

運動時の無病息災や上達、必勝祈願の願いを込めた大人気のスポーツ御守500円。

本妙寺

（掲載 p24）

本妙寺では、こども守や健康御守、学業守など数多くのお守りが拝受できる。各500円。

北岡神社

（掲載 p26）

縁結びや安産のご利益がある北岡神社の、袋帯をかたどった良縁守800円。

宇佐神宮

（掲載 p84）

神の使いとして崇められた白馬が描かれた絵馬。

大宮神社

（掲載 p58）

「福飴」300円は灯籠の金太郎飴。お祓いを受けた方には無償で渡している。

柞原八幡宮

（掲載 p76）

優しい音がするコロンとした可愛い柞笛（ゆすぶえ）は当宮オリジナルの授与品。500円。

柞原八幡宮

（掲載 p76）

白を基調に重要文化財の本殿の朱色が映えるオリジナルご朱印帳1,500円。

浮島熊野坐神社

（掲載 p36）

かわいい巾着袋に結の字を刺繍した恋守500円。

阿蘇山本堂 西巌殿寺 奥之院

（掲載 p48）

もう1種類のご朱印。不在の場合はロープウェー売店でも拝受できる。ご朱印300円。

柞原八幡宮

ユスハラハチマングウ

南大門左は神木、右は勅使道。緑に囲まれた参道を上ると本殿に着く。

Information

電話	097-534-0065
住所	大分県大分市大字八幡987
参拝時間	8:00～17:00
参拝料	なし（宝物殿　大人 300円）
駐車場	500台（無料）
HP	http://oita-yusuhara.com/

重要文化財

聳《そび》える大楠に守られし
由緒正しき宇佐八幡の分霊

古来より宇佐神宮の分霊として国司・武家などから崇敬を集めた。天長4年（827）、延暦寺の僧・金亀《こんき》が宇佐神宮に千日間の参篭をした際に、白い布が飛んできて大楠（現在の御神木）にひっかかる、という夢を見た。後日柞原山に向かうと夢に見たのと同じ大楠と白い布を発見したので、これを神託と信じ、その楠の場所に社殿を造営したのが当社創建の起源と伝わる。

約2万5千坪の境内に鎮座する社殿は嘉永年間に再建された壮麗な八幡造。八幡造りとは宇佐神宮（宇佐八幡）本殿に見られることから付いた名で、宇佐神宮と当社の深い結びつきを表している。本殿・申殿・拝殿など10棟が国指定重要文化財に指定されているが、中でも南大門はその風雅な姿で有名。この門の横に聳える御神木の大楠は樹齢300年と伝えられ、国の天然記念物に指定されている。

境内のココに注目!

南大門の壁を飾る彫刻

「二十四孝」や花鳥風月等の逸話にちなむ。日が暮れるまで眺めても飽きないことから「日暮らしの門」とも呼ばれる。

PICK UP

当宮の神木である大楠の雄大な姿を描いた絵馬500円。

学業成就守と仕事守。当宮の境内に似せて朱色を使用している。1,000円。

肌守の他に、勝守・縁結守など種類が豊富で自分用と大切な方への贈りものに求められる方も多い。

ご朱印

社名「柞原八幡宮」が中央に、右には社格「豊後一之宮」、建物の多くが指定される「重要文化財」の文字がある。

ご朱印料 … 300円
拝受時間 … 8:30 ～16:30

ACCESS

バス　バス停「柞原」下車、徒歩で約5分

車　大分自動車道「大分」IC から車で約15分

御神木の大楠。周囲37mと巨大で、その荘厳な姿には圧倒される。

廻廊から眺める拝殿。菊紋は皇室の祖先神を祀っていることを示す。

踏めば叶いが叶うと古くから言い伝わる幸運の扇石。境内に2枚が敷かれている。

大分県

西寒多神社

ササムタジンジャ

広い藤棚を見ながら万年橋を渡ると拝殿に着く。両側には狛犬が鎮座。

Information

電話	097-569-4182
住所	大分県大分市大字寒田1644
参拝時間	参拝自由
参拝料	なし
駐車場	130台(無料)
HP	なし

樹齢450年以上の藤が咲き乱れる御宮

天照皇大御神《あまてらすおおみかみ》、月読尊《つくよみのみこと》、天《あまの》忍穂耳命《おしほみみ》の総称とされる西寒多大神を祀る神社。神功皇后が三韓征伐からの帰途、西寒多山(現・本宮山)の山頂を訪れ、その証として立てた白旗を人々は崇敬して拝んだ。その後、応神天皇9年(278)に武内宿禰《たけうちのすくね》がその地に社殿を建立したことが創祀とされている。1408年に西寒多山山頂から現在の地に遷され、以来稲穂の神、農業神としてさらなる信仰を集めてきた。

神社入口を流れる寒田川にかかる万年橋(別名・太鼓橋)は、江戸時代末の文久2年(1862)に竣工された石造りの橋で、江戸時代大分県の有形文化財に指定されている。境内の樹齢450年余と言われる藤棚は、幹回り約230㎝、枝は約350㎡と広がり、開花時期にはその美しい姿で参拝客を愉しませる。また本宮山奥宮まで続く登拝路はハイキングコースとしても人気がある。

境内のココに注目!

樹齢450年余と言われる藤棚

5月3日～5日の「西寒多ふじまつり」では御神楽などが催され、5万人近くの参拝者が訪れる。昭和49年には大分市指定天然記念物に指定もされている。

PICK UP

交通安全御守(3種全て)。車内に取り付けられる吸盤付き。700円。

当社の厄除御守(3種全て)。裏には社名と鳳凰が描かれている。700円。

ご朱印

社名「西寒多神社」に加えて、右には「豊後一ノ宮」と社格が記されている。中央にも社名と社格を表した朱印が押されている。

ご朱印料 … 300円
拝受時間 … 9:00～17:00

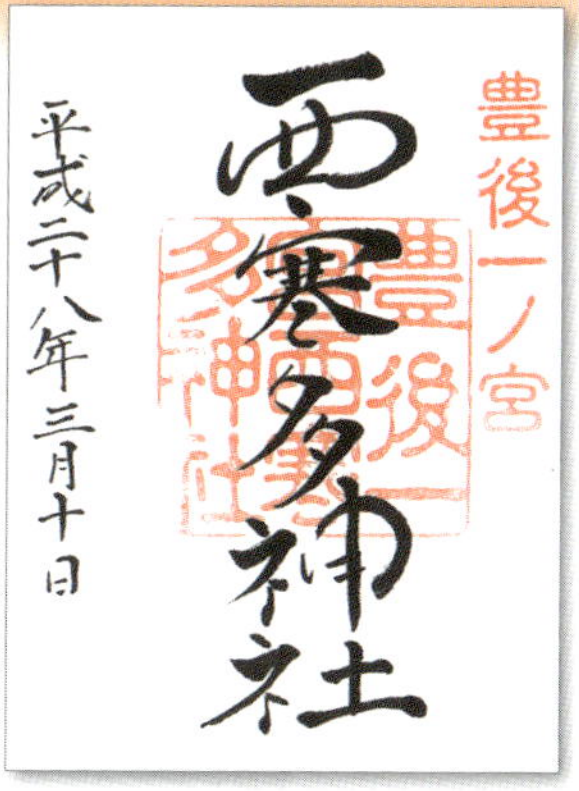

鳥居より手前から眺める境内全体。正面奥が拝殿である。

ACCESS

バス停「ふじが丘南」下車、徒歩で約8分

大分自動車道「大分光吉」ICから車で約10分

参道脇に立つ、神霊が宿ると言われるモクレン科の木「招霊」。

明治19年に改築された「入母屋」「校倉造」の建築様式を持つ神庫。

当社の入口にかかる石造のアーチ橋「万年橋」。左横は藤棚である。

大分県

早吸日女神社

ハヤスヒメジンジャ

切妻造り瓦葺の総門は八脚門である。くぐった正面には伊邪那伎社が建つ。

Information

電話	097-575-0341
住所	大分県大分市佐賀関3329
参拝時間	9:00～17:00
参拝料	なし
駐車場	30台（無料）
HP	なし

「蛸断ち祈願」を行う 神剣を祀る歴史ある古社

佐賀関近くに建つ当社は、八十柱津日神《やそまがつひのかみ》、大直日神《おおなほびのかみ》、住吉三神、表筒男神《うはつつのおのかみ》、大地海《おほとこうな》原諸神《はらもろもろのかみ》を祀り、古より厄除開運の御利益があるとして地元の信仰を集めている。

紀元前667年、神武天皇が東征の途中で速吸瀬戸《はやすいのせと》を訪れた折、姉妹の黒砂・真砂の二柱が海底に住む大蛸より、潮の流れを鎮めることのできる神剣を貰い受けて神武天皇に献上した。すると神武天皇がこの神剣を御神体として、祓戸《はらえど》の神（速吸日女）を奉り、建国を請願したのが当社の始まりと伝わっている。

蛸は当社の眷属とされ、当社の神職は口にしない。また心願成就を書いた蛸の絵を奉納して一定期間蛸を食べないでいると、願いが叶うという「蛸断ち祈願」を行っている珍しい神社である。拝殿の屋根には浦島太郎や三重塔などのユニークな瓦があり、当社と海の深いつながりを表している。

境内のココに注目!

拝殿内部に並ぶ蛸の張り絵

「蛸断ち祈願」に伴って奉納された蛸の絵が数多く貼られている。中には有名人の名前も見える。蛸の絵が描かれた紙は1,000円で授与できる。

PICK UP

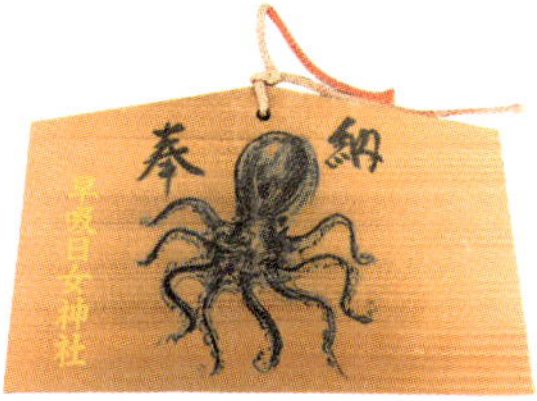

蛸の絵が描かれた絵馬。張り絵の代わりにこちらを奉納しても良い。600円。

当社の御守。厄除開運など多数のご利益があるとのこと。600円。

ご朱印

社名である「早吸日女神社」、鎮座地である「大分市大字佐賀関」、さらに社格の「式内社」が記されている。

ご朱印料 … 300円
拝受時間 … 9:00～17:00

拝殿。「蛸断ち祈願」の奉納など特別な時にしか中には入れない。

ACCESS

バス停「佐賀関」下車、徒歩で約8分

JR日豊本線「大分駅」から車で約60分

池の中に建つ神明社。当社には「海」を想起させるものが多い。

拝殿屋根左に位置する浦島太郎の瓦。屋根右には三重塔の瓦がある。

朱塗りの垣の奥にある美しい本殿。2012年に壁や飾金具等が修繕された。

中津大神宮

ナカツダイジングウ

城址内には謀殺された宇都宮鎮房を祀る城井神社等、多くの御宮が鎮座している。

Information

電話	0979-22-0523
住所	大分県中津市二ノ丁1273-1
参拝時間	参拝自由
参拝料	なし
駐車場	100台（無料）
HP	http://nakatsudaijinguu.jp

中津城址に鎮座する「豊前の国のお伊勢様」

中津城址に鎮座する当社は、伊勢神宮内宮の祭神である天照大御神《あまてらすおおみかみ》を始めとして、豊受大神《とようけのおおかみ》・倭姫命《やまとひめのみこと》、天宇《あめのう》受売命《ずめのみこと》を祀り、「豊前の国のお伊勢様」として昔から崇敬を集めている。

明治14年（1881）、伊勢の神宮の大神様の御分霊を奉斎し、神宮豊前教会として発足した。さらに明治32年（1899）、神宮教解散と神宮奉斎会設立を受けて神宮奉斎会中津支部と改称し、その後、昭和21年（1946）に中津大神宮となって現在に至る。

本殿は伊勢神宮に代表される神社建築様式・神明造を採用しており、奉拝殿は妻入り縦長型の大型拝殿である。その格天井には、創建当時の崇敬者の手による天井絵216枚が奉納されている。境内には西南役中津隊之碑や中津隊百年祭記念碑、松尾芭蕉の俳句碑などの歴史が偲ばれる石碑が数多く点在しており、すぐ隣に中津城の姿も見える。

境内のココに注目!

中津大神宮拝殿内の天井絵

拝殿の格天井には創建当時の崇敬者によって奉納された天井絵216枚が並ぶ。色褪せつつも趣ある姿が歴史を物語る。

PICK UP

縁起物である松と鶴が描かれた特大サイズの家内安全御守1,000円。

開運厄除御守。表は「開運厄除御守」、裏は「中津大神宮」の文字。600円。

ご朱印

上部の印には、伊勢神宮内宮の「皇大神宮」の文字があり、下部の印は、万物を育む「太陽」を模した形となっている。

ご朱印料 … 300円
拝受時間 … 終日解放

拝殿には御祭神である天照大御神についての説明が飾られている。

ACCESS

電車 JR日豊本線「中津駅」下車、徒歩で約15分

車 中津日田道路「犬丸」から車で約20分

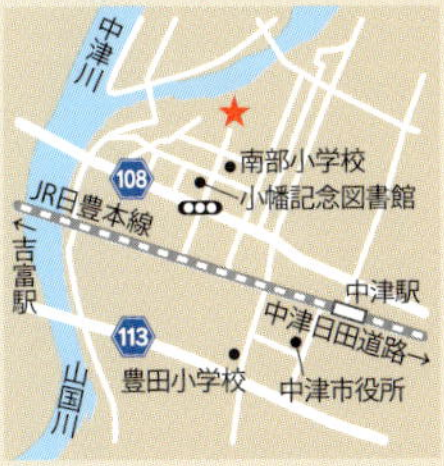

「西南役中津隊之碑」他にも「大正天皇御即位奉祝記念碑」等もある。

拝殿内には書道家、宮小路康文謹書の「大哉神徳」の大扁額がある。

一の鳥居の下から見た境内。左が社務所で中央奥が拝殿である。

大分県

宇佐神宮

ウサジングウ

八幡総本宮にふさわしい荘厳な姿。広大な敷地を歩けば心が洗われる。

Information

電話	0978-37-0001
住所	大分県宇佐市大字南宇佐2859
参拝時間	5:30～21:00（4月～9月）、6:00～21:00（10月～3月）
参拝料	なし
駐車場	400台（普通車400円、二輪車100円）
HP	http://www.usajinguu.com/index.html

国宝

全国に4万社余ある八幡大神の総本宮

御許山山麓に鎮座する宇佐神宮は全国約11万の神社の内、最も多い四万余社の御分社を持つ、応神天皇の御神霊・八幡大神の総本宮になる。その信仰の歴史は神事や祭会・建造物・宝物館などにも見ることができ、威厳溢れる美しい本殿は国宝に指定されている。奈良東大寺大仏建立の協力や勅使・和気清麻呂《わけのきよまろ》に神教を下したことでも有名で、古くから皇室からの崇敬を受け、勅祭社16社にも列されている。

欽明天皇32年（571）、菱形池の笹の上に光輝く3才の童子があらわれ「われは誉田の天皇広幡八幡麿《ほんだのすめらみことひろはたのやはたまろ》なり」と告げ、黄金の鷹に変じて駅館川《やっかんがわ》の東岸の松の上にとどまった。そこに鷹居社をつくり八幡大神を祀ったものが、神亀2年（725）に現在の社地に移され、八幡大神が鎮座されたのが創立と伝わっている。現在も遥拝所から御許山の奥宮を拝することができる。

境内のココに注目！

鎌倉時代以前よりの神橋

当宮の入り口である西参道に見える屋根がついた呉橋。呉の国の人が掛けたと言われることからこの名がついた。

PICK UP

古来より神の使いとして崇められた白馬を模した神馬鈴の御守1,000円。

八幡大神ご降臨を表した御守800円。左下には宇佐神宮の朱印がある。

ご朱印

社名「宇佐神宮」の文字に参拝年月日が添えてある。右には「八幡総本宮（印）」、中央には「宇佐神宮」の朱印がある。

ご朱印料 … 300円
拝受時間 … 9:00～16:00（上宮）

本殿手前の南中楼門。勅使しか通れないので「勅使門」とも呼ばれる。

ACCESS

バス停「宇佐八幡」下車、徒歩で約1分

東九州自動車道「宇佐」ICから約15分

パワースポットとされる樹齢約800年の御神木。手で触れる時は敬意を持って。

参道途中にある池と緑に囲まれた祓所。清浄な空気が満ち渡っている。

遥拝所からは御許山にある宇佐神宮の奥宮（大元神社）を拝むことができる。

大分県

富貴寺

フキジ

国宝の大堂は四季折々で見せる表情も豊か。写真は新緑の頃。

Information

電話	0978-26-3189
住所	大分県豊後高田市田染蕗2395
参拝時間	8:30〜16:30(雨天時は大堂内の見学不可)
参拝料	一般・高校生以上300円、小・中学生以上150円
駐車場	30台(無料)
HP	http://www.showanomachi.com/spots/detail/139

国宝

日本三阿弥陀堂に数えられる 九州最古の木造建築

当寺は養老2年(718)に八幡神の応現とされる仁《にん》聞《もん》菩薩の開基。仁聞菩薩は奈良時代に国東半島各地に寺院を開基したと伝えられる伝説的な僧で、現在では八幡神の仏教的な表現であるとする説が有力である。

富貴寺大堂は平安時代の後期に、宇佐八幡宮大宮司によって建立された現存する九州最古の木造建造物であり、平安期の阿弥陀堂建築を伝える貴重な建物。また、宇治平等院鳳凰堂・平泉中尊寺金色堂と並ぶ日本三阿弥陀堂として国宝(建造物)に指定されている。

大堂内には重要文化財に指定されている本尊の阿弥陀如来が祀られ、壁にも極楽浄土変相図などが描かれているが、こちらも重要文化財に指定されている。

境内には梵字が刻まれた仁聞石や鎌倉期の笠塔婆を見ることができ、春の梅、夏の新緑、秋の紅葉に冬の落葉など、風雅な景色が広がっている。

境内のココに注目！

紅葉と大堂のコントラスト

当寺は紅葉スポットとしても有名。秋の盛りには黄色に染まった落ち葉と木造の建物がわびさびを感じさせる。

PICK UP

高さ約120㎝ほどの仁王門仁王像（阿形）。室町時代の作と伝わる。

大堂の中は畳張りでがらんとしている。奥に見えるのは笠塔婆。

ご朱印

日本三阿弥陀堂にふさわしく、「阿弥陀如来」を表す梵字が力強く記されている。右上には「国東霊場六郷満山第二番」の文字。

ご朱印料 … 300円
拝受時間 … 8:30〜16:30

二体の仁王像が迎える仁王門。奥の階段は大堂に続いている。

ACCESS

バス　最寄りのバス停なし

車　JR日豊本線「宇佐駅」から車で約30分

国東地方に特有の形式であることからその名がついた国東塔。

大堂奥の石段を上ったところには薬師岩屋がひっそり佇む。

雪が降り積もる頃の大堂も大変美しく、眺めるにふさわしい。

大分県

火男火賣神社

ホノオホノメジンジャ

別府温泉を齎す鶴見火山を祀る当社は、温泉の守り神にふさわしい。

Information

電話　0977-66-2402
住所　大分県別府市火売8-1
参拝時間　参拝自由
参拝料　なし
駐車場　40台(無料)
HP　なし

荒ぶる「火」を治める別府温泉の守り神

社伝によると、宝亀2年(771)の創祀。別府市唯一の延喜式内社である。鶴見岳の男嶽《おんだけ》、女嶽《めんだけ》の二峰を神格化した火男、火売の二神をお祀りしている社で、鶴見岳山頂には上宮(奥宮)が、東山の中腹には中宮がある。中宮脇の鶴見岳山頂へ向かう登山道はハイキングコースとしても人気。別府市大字鶴見の鎮守の氏神であり「鶴見権現」とも呼ばれいる。

貞観9年(867)に鶴見岳の大噴火が起こり、人々は神の怒りとして恐れた。その折、朝廷の命により当社の神前で「大般若経」が読み上げられて噴火が鎮まり、その功績で正五位下に叙されたとの記録がある。

また、建治2年(1276)には、九州各地を勧進していた一遍上人《いっぺんしょうにん》が立ち寄り、「玖倍理湯《くべりゆ》の井《い》」を鎮めて鉄《かん》輪《なわ》温泉の石風呂を開いたとされ、今日では別府温泉の守り神として信仰を集めている。

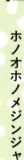

境内のココに注目！

「鶴見権現」参道入り口の灰色の鳥居

扁額には社名が記され、モノトーンの意匠が全体的に重厚感を醸している。鳥居奥には参道の先に拝殿が見える。

PICK UP

交通安全守護の御守。青・赤・黄と品の良いバリエーション。800円。

地元名門・明豊高校がこのご利益で甲子園出場を果たしたという勝守。700円。

2016年の干支である丙申用の絵馬。猿の乗り込んだ宝船の絵柄。300円。

ご朱印

「奉拝」に加えて、社格「延喜式内」、社名「火男火賣神社」が記されている。上部朱印には「神爾」の文字がある。

ご朱印料 … 300円
拝受時間 … 8:30～17:00

ACCESS

電車　JR日豊本線「別府駅」下車、車で約10分

車　大分自動車道「別府」IC から車で約5分

社殿左横に飾られている奉納の馬の像。

入口の鳥居から続く参道の奥には鳥居が立ち、さらに拝殿が見える。

社殿横には天神宮が建っている。他にも稲荷社などが境内にある。

「龍峩山」を掲げる茅葺屋根の山門の先には静謐な空間が広がる。

大分県

龍峩山 佛山寺

リュウガサン　ブッサンジ

Information

電話	0977-84-2714
住所	大分県由布市湯布院町川上1879
参拝時間	9:00～18:00(4月～9月)、9:00～17:00(10月～3月)
参拝料	なし
駐車場	6台(無料)
HP	http://www.d-b.ne.jp/bussanji/index.html

性空上人の刻した秘仏を祀る臨済宗の寺院

湯布院の観光スポットである神秘的な姿が美しい金鱗湖。ここから約500mの場所にある龍峩山佛山寺は、由布院の山岳信仰の場として崇敬を集めてきた臨済宗の古刹である。

康保年間（964〜968）、性空上人《しょうくうしょうにん》が霧島神社に参籠した時分、神のお告げを受けて由布岳の山腹で読経すると鳴動する岩があった。その岩で観音像を造り祀ったのが当社の起こりと伝わる。この観音像は今も観音堂に安置され、三十三年に一度公開される秘仏である。全盛期には由布の修行霊場の本拠地とされたが、慶長元年の大地震で打撃を被ったため、現在の地に伽藍を移した。

元禄時代の建築であるオドリ式茅葺き屋根の山門には鐘が釣ってあり、別名鐘楼門とも呼ばれ、実に郷愁を誘う風雅な姿である。また観音堂では、毎週土日に坐禅や写経が行われ、地元の人々との交流も盛んである。

境内のココに注目!

境内中央にある銀杏の木

樹齢300年を超える。一つの根本から雌雄の木が枝を伸ばしており、縁結びの御利益があると言われるパワースポット。

PICK UP

現在の佛山寺本堂。賽銭箱の横には鐘が置かれている。

司馬遼太郎も「街道をゆく」の中で、この鐘の音の響きに触れている。

観音像を安置している観音堂。週末には一般の方も参加できる座禅や写経が開かれる。

ご朱印

一般的な朱印は本尊「由布霊山観音」の文字だが、他に禅語「山呼万歳声」、「無事」、「知足」を記す三種がある。

ご朱印料 … 300円
拝受時間 … 参拝時間に同じ

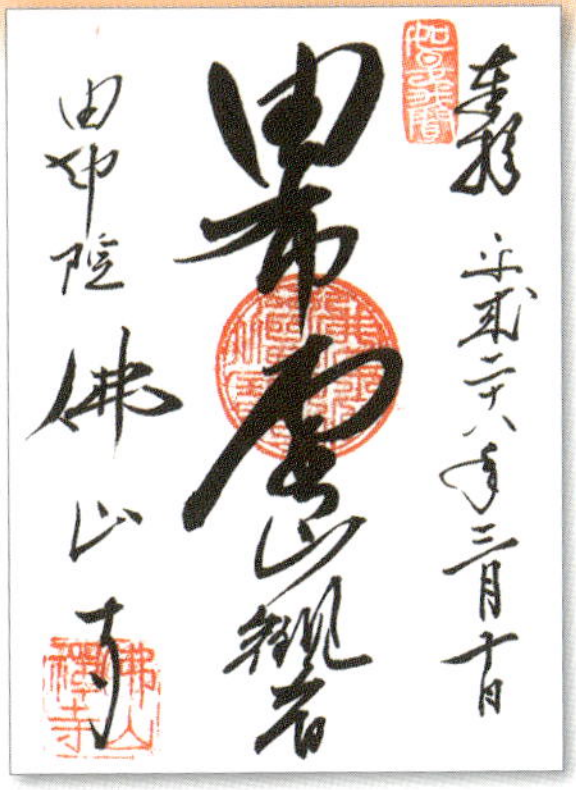

ACCESS

電車 JR久大本線「由布院駅」下車、徒歩で約20分

車 JR久大本線「由布院駅」から車で約5分

木陰に座す金剛明王像。他にも六地蔵や寝観音が見られる。

由布岳の山腹に残る性空上人が観音像を刻して祀ったとされる岩。

観音堂入口のこども文庫「やまんばの家」。貸し出しも行っている。

大分マリーンパレス水族館《おおいたまりーんぱれすすいぞくかん》「うみたまご《うみたまご》」

最寄りの寺社 柞原八幡宮、西寒多神社

開放感あふれる海と一体化した「動物たちとなかよくなる水族館」をテーマに、海の生き物とふれあえるダイナミックな水族館のうみたまご。容量1,800tの巨大な大回遊水槽では約90種類1,500尾の魚達が生息し、まるで海の中にいるかのような体感ができる。イルカやセイウチ、アザラシたちのユニークなパフォーマンスや、別府湾を一望できる「あそびーち」では魚たちと遊んだり、海の生き物をイメージしたアート型遊具「うみさんぽ」があり、体いっぱい楽しもう。

大分県南のサンゴや美しい魚たちが生息するサンゴ大水槽。

DATA
交通アクセス／JR日豊本線「別府駅」から車で約10分　**住所**／大分県大分市高崎山下海岸　**電話**／097-534-1010　**時間**／9:00～18:00※季節で変動あり　**休み**／不定休※年に2日程度メンテナンス休みあり　**料金**／大人(高校生以上)2,200円、小人(小中学生)1,100円、幼児(4歳以上)700円　**駐車場**／800台

岡本屋売店《おかもとやばいてん》

最寄りの寺社 火男火賣神社

明礬温泉の噴気で蒸す地獄蒸しプリンの元祖店。濃厚でまろやかな味わいの地獄蒸しプリンをはじめ名物の地獄蒸し玉子のサンドイッチ、温玉うどんなどマグマのパワーを味わおう。

定番のカスタードの他に抹茶や珈琲など日替りで登場。

DATA
交通アクセス／大分自動車道「別府」ICから車で約5分　**住所**／大分県別府市明礬3組　**電話**／0977-66-3228　**時間**／8:30～18:30　**休み**／無休　**料金**／地獄蒸しプリン260円～、地獄蒸し塩玉子100円～　**駐車場**／24台

宇佐《うさ》からあげ《からあげ》

最寄りの寺社 宇佐神宮

大分県宇佐市は、からあげ専門店発祥の地。約30店舗の専門店があり、様々な部位をはじめ、しょうゆ味、塩味など店舗によって異なる味付けをからあげマップを片手に堪能してみては。

可愛らしい多種類の「うさからくんグッズ」も発売中。

DATA
住所／大分県宇佐市周辺　**電話**／0978-32-1111(宇佐市観光まちづくり課)　**時間・休み・料金・駐車場**／各店舗へ要問合せ　**URL**／http://usakara.giv.jp

大分県立美術館《おおいたけんりつびじゅつかん》(OPAM《おーぱむ》)

最寄りの寺社 西寒多神社、柞原八幡宮

©Hiroyuki Hirai

ガラス張りで明るく開放的な館内は、入館無料で鑑賞できる展示作品やショップ、カフェも併設。「出会いと五感のミュージアム」をコンセプトに開催される企画展や、約5,000点の所蔵品から厳選したコレクション展、全身で美術館を楽しむためのワークショップ、レクチャーも開催。気軽に美術鑑賞しよう。

©Hiroyuki Hirai

入口ではシンボルマークモニュメントがお出迎え。

DATA **交通アクセス**／JR日豊本線「大分駅」から徒歩約15分　**住所**／大分県大分市寿町2-1　**電話**／097-533-4500　**時間**／10:00〜19:00※金・土曜は〜20:00(入館は閉館の30分前)　**休み**／無休(メンテナンスによる臨時休館あり)　**料金**／コレクション展一般300円、大学高校生200円、中学生以下無料(企画展は別途)　**駐車場**／250台

chou《しゅ》 chou《しゅ》 de《ど》 モネ《もね》

最寄りの寺社 龍峩山 佛山寺

湯布院の中心、金鱗湖からすぐの女性専用プチホテルにあるカフェ&雑貨スペースでは、フランスの日常を体験しているかのような空間。ランチでは地野菜を使用したパスタや豆乳パンのサンドイッチなど、ティータイムには日替り特製ケーキやパンケーキなど女性目線で考案されるメニューが充実。

爽やかな風が心地よいテラスで味わうスイーツは格別。

DATA **交通アクセス**／JR久大本線「由布院駅」から車で約6分　**住所**／大分県由布市湯布院町川上1639-1　**電話**／0977-76-5443　**時間**／11:00〜17:00　**休み**／不定休　**料金**／ハニーバケットセット700円、とり天定食1,200円　**駐車場**／6台

名苑と名水の宿《めいえんとめいすいのやど》 梅園《ばいえん》 Café&Barえんじ《かふぇあんどばーえんじ》

最寄りの寺社 龍峩山 佛山寺

美しい由布岳を望む約10,000坪もの敷地を持つ宿泊施設「梅園」の一角に佇むカフェ&バーえんじ。四季折々の表情を見せる約3,000坪の広大な庭園を眺めながらゆっくりと地産地消ランチを味わえる隠れ家。夜はBarとしてムード漂う大人の空間に様変わり、いつもより上質な大人の休日を過ごそう。

久住黒豚と地元野菜のせいろ蒸しセット1,944円。

DATA **交通アクセス**／JR久大本線「由布院駅」から車で約5分　**住所**／大分県由布市湯布院町川上2106-2　**電話**／0977-28-8288　**時間**／11:00〜15:00(OS14:30)、19:30〜23:00(OS22:30)※Bar Time　**休み**／火曜(Barは無休)　**料金**／焼きカレー(サラダ・スープ)1,296円、豊後牛と野菜のせいろ蒸し3,024円　**駐車場**／100台

立派な神明造りの社殿は、伊東忠太の設計によって明治40年に建てられた。

宮崎県

宮崎神宮

ミヤザキジングウ

Information

電話	0985-27-4004
住所	宮崎県宮崎市神宮2-4-1
参拝時間	8:00～17:00
参拝料	なし
駐車場	100台(無料)
HP	http://miyazakijingu.jp

初代天皇「神武天皇」を祀る

創建は神武天皇の孫にあたる健磐龍命《たけいわたつのみこと》が九州の長官に就任した際、神武天皇のご遺徳を称えるために鎮祭したのが始まりと伝えられている。鎮守の森に囲まれた長い参道を歩くと、清々しい気持ちになる。現在の社殿は、明治40年に建て替えられたもので、平安神宮を設計した明治の建築学の祖、伊東忠太の設計。日向の名材狭野杉を用い、白木で銅板葺きの神明造りである。

由緒ある旧官幣大社であり、初代天皇である神武天皇と父・鵜葺草葺不合尊《うがやふきあえずのみこと》と母・玉依姫命《たまよりひめのみこと》を祀っており、天皇家とのつながりも深い。現在の形となってより約110年続く御神幸祭は「神武さま」と呼ばれている。

神宮北西にある平和台公園の麓には、宮崎神宮の元宮でスピリチュアルスポット「皇宮神社」がある。周りには古墳がある小高い丘があり、地元では「皇路の坂」と呼ばれており、皇宮神社の鎮座する場所が皇軍発祥の地と言われている。

境内のココに注目!

皇宮神社

宮崎神宮の元宮「皇宮神社」は、皇軍発祥の地でもあり、神宮とは違う太古からの強いパワーを感じる。

PICK UP

良きご縁と結ばれます様にえんむすびまもり。各800円。

宮崎神宮、狭野神社、都農神社で構成する「神武会」の御朱印帳1,000円。

宮崎県を代表するお祭り「御神幸祭」の絵柄が描かれた絵馬。1,000円。

ご朱印

しっかりとした角印、整然と書かれた宮崎神宮の文字に、皇祖（神武天皇）発祥の地の威厳と風格をうかがうことができる。

ご朱印料 … 300円
拝受時間 … 8:00～17:00

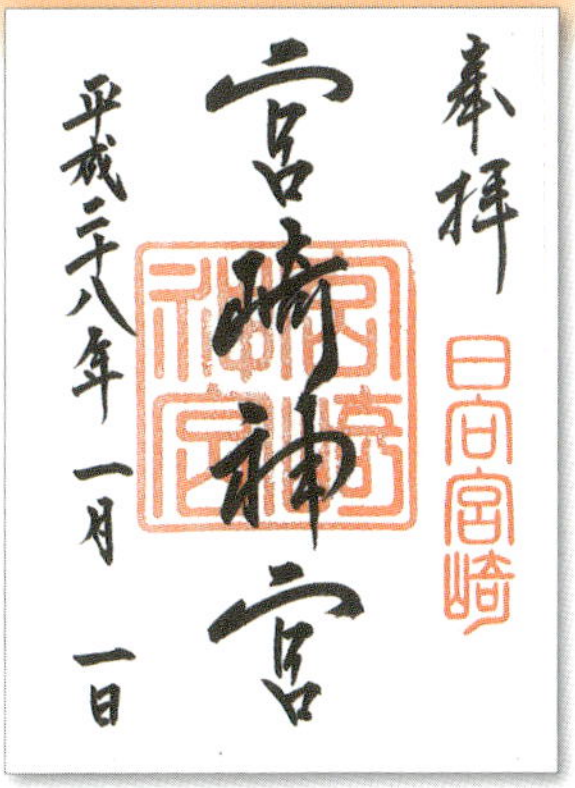

ACCESS

電車 JR日豊本線「宮崎神宮駅」下車、徒歩で約10分

車 宮崎ブーゲンビリア空港から車で約30分

深い緑に包まれた鎮守の森には長い参道が続く。

「神武さま」と呼ばれる御神幸祭は、永い歴史を誇る。

毎年4月3日に行われる伝統の流鏑馬。

宮崎県

青島神社

アオシマジンジャ

青空と、ビロウの緑に映える朱塗りの社殿が美しい。

Information

電話	0985-65-1262
住所	宮崎県宮崎市青島2-13-1
参拝時間	8:00～日没
参拝料	なし
駐車場	なし　※近くに有料駐車場有り
HP	http://www.aoshimajinja.sakura.ne.jp/

鬼の洗濯板に囲まれた聖なる島

青島は奇岩「鬼の洗濯板」が島を囲む、周囲1・5㎞ほどの島。島内にはシダ植物など約226種もの亜熱帯性植物が多く茂り、中でもビロウの大群落は非常に貴重であることから「青島亜熱帯性植物群落」として国の特別天然記念物に指定されている。

島内には青島神社が鎮座し、神聖な場所であるため、古くは一般人が立ち入ることは禁じられていたが、明治以降は立ち入りが自由となり、1962年5月、当時の皇太子、皇太子妃がこの地を訪れたことをきっかけに新婚旅行客が急増、ブームになった。神社には山幸《やまさち》彦《ひこ》、豊玉姫《とよたまひめ》、海神《かいしん》・塩筒大神《しおづつのおおかみ》の三神が祀られており、縁結び、安産、航海・交通安全などの御利益があるといわれ、全国から多くの参拝客が訪れる。境内では、天皿を投げて吉兆を占う「天《あま》の平瓮《ひらかな》投げ」や、己の穢れを人形に吹きかけて聖水で海に流す「海積《わだつみ》の払い」などができる。

境内のココに注目!

ビロウに囲まれた元宮

社殿の奥にはビロウに囲まれた聖域があり、元宮がひっそりと佇み、あたりは静寂に包まれている。

PICK UP

かわいい絵柄のオリジナル願かけびな。600円。

青島の風景が描かれた表紙のご朱印帳。ピンクと水色の2種類ある。1,000円。

ハート型の縁結び御守り700円や、対になった夫婦御守り1,000円などが人気。

ご朱印

青島神社のご朱印に加えて、日向国七福神「弁財天」のご朱印も同時にいただける。どちらも角印が特徴的で面白い。

ご朱印料 … 600円
拝受時間 … 8:00～17:00

ACCESS

電車 JR日南線「青島駅」下車、徒歩で約10分

車 宮崎ブーゲンビリア空港から車で約25分

縁結びのご利益のある「紙縒結び」。1本100円。

天皿を投げて占う「天の平瓮投げ」1回200円。

己の穢れを人形に吹きかけて聖水で海に流す「海積の払い」。

宮崎県

鵜戸神宮

ウドジングウ

本殿が鎮座する洞窟は、鵜葺草葺不合尊産殿の跡と伝わる。

Information

電話	0987-29-1001
住所	宮崎県日南市宮浦3232
参拝時間	7:00～18:00(冬)、6:00～19:00(夏)
参拝料	なし
駐車場	400台(無料)
HP	http://www.udojingu.com/

海幸・山幸伝説の舞台とシャンシャン馬道中

古来、海洋信仰の聖地といわれている鵜戸神宮。地元では親しみを込めて「鵜戸さん」の愛称で呼ばれている。神武天皇の父・鵜葺《うがや》草葺不合尊《ふきあえずのみこと》を主祭神に祀っており、日向灘に面した断崖の中腹にある岩窟内に本殿が鎮座している。参拝するには崖にそって作られた石段を降りる必要があり、神社としては珍しい下り宮のかたちとなっている。

記紀神話に語られる海幸・山幸伝説の舞台となった場所でもあり、社殿の奥へ進むと、豊玉姫《とよたまひめ》が海に帰る際に我が子のために置いていったという乳房が「お乳岩」として残っている。

かつては、新婚夫婦が鵜戸さんにお参りするという風習があり、新婦を馬に乗せ、新郎が手綱を引いてお参りした。道中、馬の首に付けられた鈴がシャンシャンと鳴っていたことから「シャンシャン馬」と呼ばれるようになった。

境内のココに注目!

亀石桝形岩と運玉

5個1セットで購入できる「運玉」を男性は左手で、女性は右手で投げる。眼下の亀石の窪みに入ると願いが叶うという。

PICK UP

シャンシャン馬の描かれたものと可愛い兎の形をした絵馬。500円。

鵜戸神宮や神使である兎の描かれた御朱印帳。全部で4種類1,000円。

桜をモチーフとした縁結びのお守り800円。

ご朱印

中央に押印された独特の形をした角印から歴史の古さを感じる。スッキリとした鵜戸神宮の文字から気品と風格を感じる朱印だ。

ご朱印料 … 300円
拝受時間 … 参拝時間と同じ

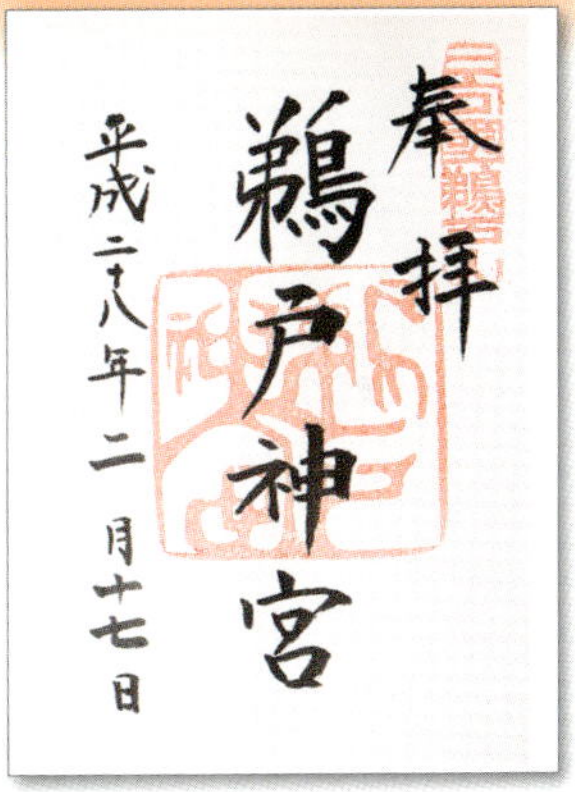

ACCESS

バス　バス停「鵜戸神宮」下車、徒歩で約10分

車　宮崎自動車道「田野」ICから車で約45分

駐車場の南西側の小さな山の岩肌には、磨崖仏が彫られている。

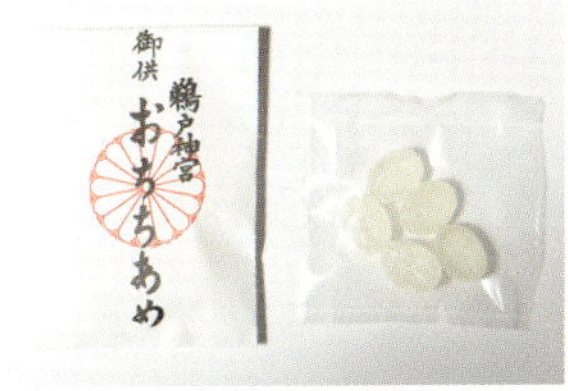

「お乳飴」は、お湯に溶かして飲むと乳の出が良くなるという。

「下り宮」。眼下には太平洋が広がる絶景スポット。

宮崎県

榎原神社

ヨワラジンジャ

朱塗りの社殿は、八幡造りと権現造りが混合した県内唯一の両流造り。

Information

電話	0987-68-1028
住所	宮崎県日南市南郷町榎原甲1134-4
参拝時間	8:00～17:00
参拝料	なし
駐車場	100台（無料）
HP	なし

重要文化財

神女・万寿姫伝説と縁結びの神社

万治元年（1658）、時の飫肥藩主、伊東祐久《いとうすけひさ》の寄進により鵜戸神宮から勧請、建立された神社で、藩内の護国鎮守として人々から崇められてきた。境内は朱塗りの楼門や鐘楼、拝殿など、鮮やかな建造物に彩られる。宝永4年（1707）に建立された本社殿は、八幡造りと権現造りの混合で、県内唯一の両流造り。八ツ棟造りと呼ばれる特殊な建築様式は、県の有形文化財に指定されている。拝殿内外の欄間には意匠の凝った色鮮やかな彫刻が施され、象や龍などが異彩を放っている。中でも刀匠・井上良久の作「伊勢えび」は実にユニーク。

摂社・桜井神社には、榎原神社の勧請を藩主に進言した神女・内田万寿姫《うちだますひめ》の神霊が祀られている。万寿姫は榎原と鵜戸山の間約30kmを空中浮遊して移動するなど、不思議な逸話が数多く残るが、縁結びの神として広く知られている。

境内の
ココに注目!

摂社・櫻井神社

本殿の隣に寄り添うように建つ摂社・櫻井神社。数々の不思議な伝説が残る、神女・内田萬寿姫が祀られている。

PICK UP

朱塗りの2枚組の絵馬。内側に願い事を書くことができる。800円。

恋愛成就の神社らしいピンク柄の可愛い御朱印帳。800円。

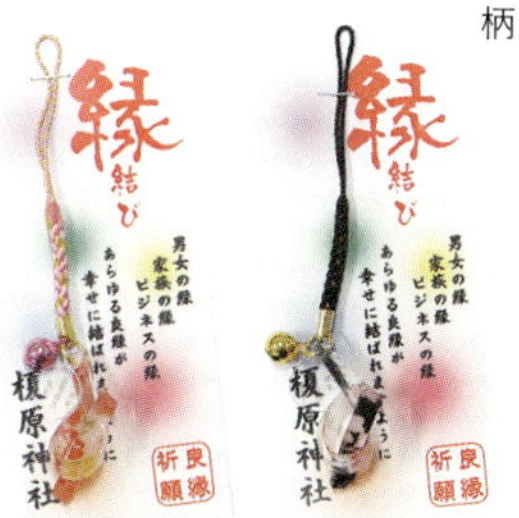

あらゆる良縁が結ばれるようにと、「結び」を表現したお守り。800円。

ご朱印

全体的に優しい筆遣いで中央に神社名と神社の角印、右肩には日向国榎原山の押印と奉拝の字が書かれている。

ご朱印料 … 300円
拝受時間 … 8:00～17:00

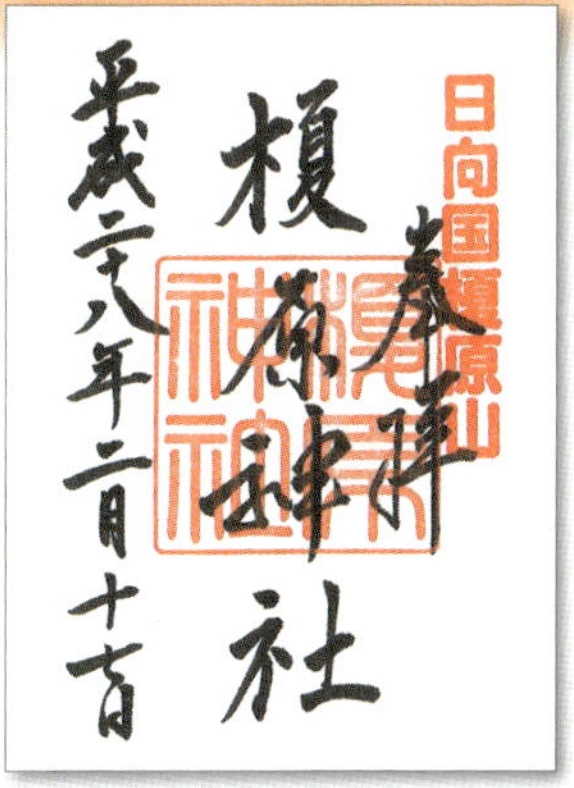

ACCESS

電車 JR日南線「榎原駅」下車、徒歩で約11分

車 宮崎自動車道「田野」IC から車で約60分

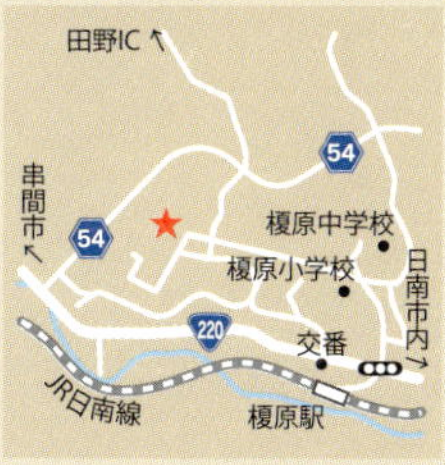

堂々たる楼門は入母屋造りで仁王門を形作っている。

組物、股、木鼻等の躍動感と安定感とが好対照の見事な鐘楼。

刀匠・井上良久の作であるユニークな「伊勢えび」の彫刻。

宮崎県

高千穂神社

タカチホジンジャ

静かに佇む拝殿。厳粛な境内は澄んだ空気に支配される。

重要文化財

Information

電話	0982-72-2413
住所	宮崎県西臼杵郡高千穂町三田井1037
参拝時間	参拝自由
参拝料	なし
駐車場	80台（無料）
HP	なし

高千穂郷八十八社の総鎮守

神楽に代表される民俗芸能や伝説が残り、神話の郷と呼ばれる高千穂。神からの恵みに感謝し、自然と共存する敬虔な人々とともに数多くの神社が鎮座する。中でも格式のある88の神社は高千穂八十八社と呼ばれ、高千穂神社は、その高千穂郷の総社として多くの信仰を集めた。

　高千穂神社は、垂仁《すいにん》天皇の御代に創建されたと伝えられ、続日本後記や三代実録にもその名が記されている通り、1900年以上の歴史を持つ古社である。

　澄んだ空気に包まれた境内を歩くと、歴史を感じる建物や宝物に出逢う。神社本殿をはじめ、鎌倉時代に将軍源頼朝が天下泰平のために奉納した鉄造狛《てつぞうこま》犬一対《いぬいっつい》は国の重要文化財に指定されている。また、頼朝の代参・畠山重忠《はたけやましげただ》お手植えの秩父杉や本殿回廊東側にある鬼神「鬼八」退治の三毛入野命《みけぬのみこと》の彫刻など見所が多い。

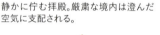

境内のココに注目!

夫婦杉

夫婦杉の周りを手をつないで3回まわると縁結び、家内安全、子孫繁栄等の願いがかなうと言われている。

PICK UP

高千穂神楽ゆかりの神々や夫婦杉が描かれた絵馬。500円。

天孫降臨の神々が国を見渡す神話をイメージした御朱印帳。1,300円(朱印料含む)。

夫婦杉や天孫降臨神話の婚姻にちなんだ良縁のお守り。各500円。

ご朱印

縦に揃った文字と、太めの力強い角印が、天孫降臨の地「高千穂」らしく威厳を感じさせるご朱印となっている。

ご朱印料 … 300円
拝受時間 … 8:00～17:00

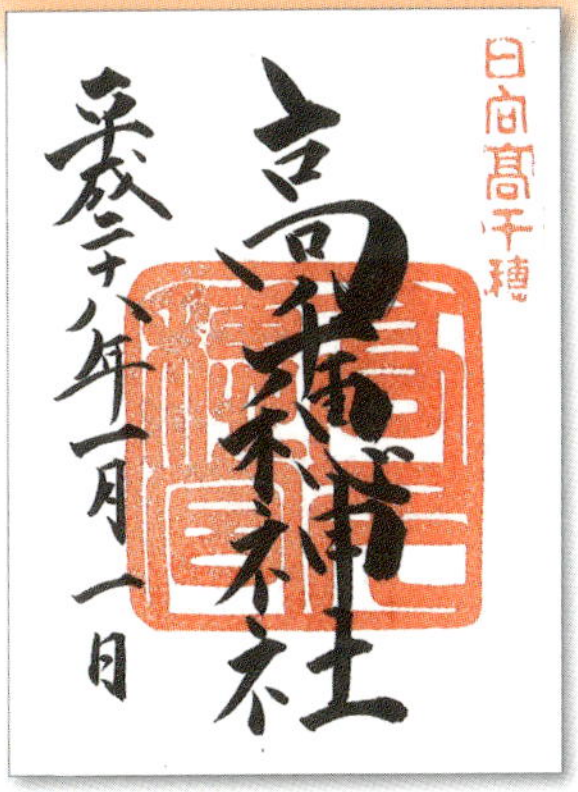

ACCESS

バス 「高千穂バスセンター」から徒歩で約15分

車 北方延岡道路「蔵田」から車で約40分

鬼神「鬼八」を退治したとされる、三毛入野命の彫刻。

秩父の豪族・畠山重忠お手植えの秩父杉。

祈ると悩みから世の乱れまで一切が鎮められるという鎮石。

宮崎県

天岩戸神社

アマノイワトジンジャ

天岩戸開きの舞台となった神域を静かに見守る社殿。

Information

電話	0982-74-8239
住所	宮崎県西臼杵郡高千穂町岩戸1073-1
参拝時間	参拝自由
参拝料	なし
駐車場	40台(無料)
HP	http://amanoiwato-jinja.jp

語り継がれる天岩戸伝説

天照大神《あまてらすおおみかみ》が弟の素戔嗚尊《すさのおのみこと》の狼藉を見かねて天岩戸に隠れたという天岩戸神話の舞台となった神社で、入り口には、岩戸開きで大活躍した手力男命《たぢからおのみこと》の像が出迎えてくれる。神域内には数多くの神話ゆかりのパワースポットが存在する。光を失った世界に困り果てた八百萬の神々が集まり話し合ったといわれる天安河原が残り、今でも神々が集っているかのような錯覚に陥る。

御神域の奥には天岩戸が祀られている。鬱蒼《うっそう》と茂った森の中に現存すると言われている天岩戸は、聖域のため足を踏み入れることは出来ないが、その大きな存在感に圧倒される。

岩戸川を挟んで対岸には天照大神を祀る東本宮がひっそりと佇んでいる。かつて智保郷で一番の社格を持った古社は厳粛な雰囲気に包まれており、奥には七本杉を見ることができるので、一度立ち寄ってみてほしい。

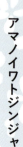

境内のココに注目！

天岩戸遥拝所

天岩戸開き神話の中心となる天岩戸を拝むことができる。写真を撮ることはできないので、直接拝んでほしい。

PICK UP

シンプルな縁結びのお守りはピンクと黄緑の2種類。700円。

天岩戸開き神話の岩戸開きの様子が描かれたご朱印帳1,300円。

天照大神が岩戸から出てきた瞬間が描かれた絵馬500円。

ご朱印

「天」の字が世界を包み込むような優しくも厳かなイメージを出している。天岩戸神社と天安河原宮の2箇所のご朱印を頂ける。

ご朱印料 … 1社300円
拝受時間 … 8:30〜17:00

ACCESS

バス停「岩戸」下車、徒歩で約5分

北方延岡道路「蔵田」から車で約40分

参道の入り口に立つ凛々しい手力男命の像。

天岩戸開き神話で八百萬の神が集まったと言われる天安河原。

かつて智保郷で一番の社格を持った東本宮は、天照大神を祀る。

宮崎県

都農神社

ツノジンジャ

古代日向の中心に鎮座し、信仰を集めた衆庶守護の社。

Information

電話	0983-25-3256
住所	宮崎県児湯郡都農町大字川北13294
参拝時間	6:00〜17:00
参拝料	なし
駐車場	30台(無料)
HP	http://w01.tp1.jp/~sr09697901/

神武天皇伝説が残る日向国一之宮

日向国一之宮都農神社は、宮崎県で最も格付けの高い神社として児湯郡都農町の中心部に鎮座している。鳥居をくぐり、長く続く参道を歩くと神苑が東西に広がり、境内は常に静粛で浄らかな空気に包まれている。神社の御由緒は古く、神《かむ》倭伊波礼毘古《やまといわれひこ》(後の神武天皇)が即位する6年前、日向の国から東遷を始める際、この地に立ち寄り、国土平安と海上平穏、武運長久を祈念されたと伝えられる。まさに神社の歴史が始まった瞬間だと云われている。

西暦593年、推古朝の頃には、豪族・泰河勝が鬼面を奉献するなど、千年をはるかに超える歴史の深い古社である。平安時代には、国司がこの地に赴任した際、最初にお参りする「お宮」であったことから「日向国一之宮」と呼ばれるようになった。御祭神は国造りの神、大己貴命《おおなむちのみこと》(別名 大国主《おおくにぬしの》命《みこと》)。境内には、それにまつわるものが散見される。

境内の
ココに注目!

撫でてご利益のある御神象

御神木である夫婦杉の双幹から生まれた象。象やハートマークを撫でると恋愛成就や夫婦円満、子宝のご利益があるかも。

PICK UP

大国絵馬、ハート型の縁結び絵馬など3種類の絵馬がある。各500円。

月夜の拝殿が描かれた御朱印帳は、青とピンクの2種類。各1,000円。

病気平癒のお守り、可愛い縁結びのお守りなどが人気。各700円。

ご朱印

中央には神社名と神社の角印というシンプルなタイプのご朱印。日向国一之宮の文字が堂々とした風格を表している。

ご朱印料 … 300円
拝受時間 … 8:00〜17:00

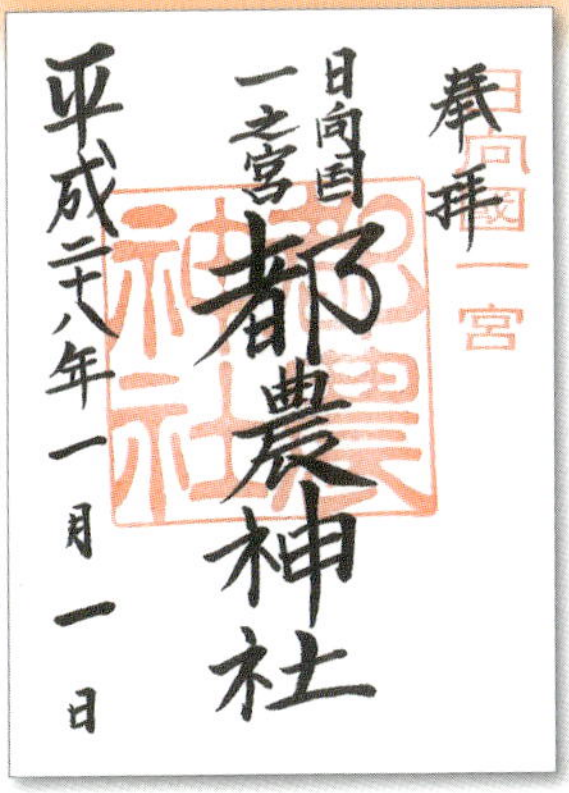

ACCESS

電車 JR日豊本線「都農駅」下車、徒歩で約25分

車 東九州自動車道「都農」ICから車で約5分

撫でることによって一層のご利益があるとされる大国様。

本殿の欄間には、神の使いである鼠の彫刻が掘られている。

平成23年に奉納された幅3.6m、縦2.7mの巨大な絵馬。

こどものくに《こどものくに》

最寄りの寺社 青島神社

亜熱帯の天然のビロウ樹でおおわれた青島を望む南国ムードたっぷりの海と緑に囲まれたテーマパーク。約1,500㎡の広大な敷地には、蘇鉄やヤシなどの樹木がそびえ立つ。約100種類以上、約7万本の花々が咲き誇る3月から5月にはフラワーフェスタを開催している。観覧車やメリーゴーランド、スワンボート、蒸気機関車などの遊具からパークゴルフ場もあり家族みんなで1日中楽しもう。幸せの黄色い鐘を鳴らすと願いが叶うと言われるスポットもおすすめ!

ボールプールやウォータードラムなど遊具もいっぱい。

DATA **交通アクセス**／JR日南線「子供の国駅」から徒歩すぐ　**住所**／宮崎県宮崎市青島1-1-1　**電話**／0985-65-1111　**時間**／時期により異なるため要問合せ　**休み**／火・水曜※祝日、学校休日の場合は営業　**料金**／一般(4歳以上)200円※フラワーフェスタ期間は別途　**駐車場**／300台

高千穂あまてらす鉄道《たかちほあまてらすてつどう》

最寄りの寺社 高千穂神社、天岩戸神社

旧高千穂鉄道の線路をオリジナルのスーパーカートに乗って高千穂駅から天岩戸駅まで1日10便、乗車30分の旅を満喫。2つのトンネルや鉄橋などを走り、雄大な高千穂の絶景を楽しもう。

駅舎内併設のcafe miracoroでのんびり休憩タイム。

DATA **住所**／宮崎県西臼杵郡高千穂町大字三田井1425-1(旧高千穂駅)　**電話**／0982-72-3216　**時間**／10:00～16:00　**休み**／木曜(繁忙期を除く)※雨天候の場合は運休　**料金**／入場料100円、乗車料大人(高校生以上)1,200円、小中学生700円、未就学児300円　**駐車場**／15台

宮崎県立平和台公園《みやざきけんりつへいわだいこうえん》

最寄りの寺社 宮崎神宮

標高60mの丘に広がる緑豊な古代ムードいっぱいの公園。宮崎市街を見渡せる平和の塔をはじめ、古墳を型どった盛土の上に、全国から発掘されたはにわや土器の複製約400基に不思議と心和む空間。

馬や武人、舟型、家型、踊るハニワなど様々なレプリカ。

DATA **交通アクセス**／JR日豊本線「宮崎駅」から車で約20分　**住所**／宮崎県宮崎市下北方町越ヶ迫6146　**電話**／0985-35-3181　**時間**／なし※はにわ館9:30～15:30　**休み**／なし※はにわ館 月・火曜　**料金**／無料　**駐車場**／約300台

ステーキハウス《すてーきはうす》 アンガス《あんがす》

最寄りの寺社 宮崎神宮

自社牧場で丹精込めて育てた宮崎牛を食べられる創業40年以上の専門店。ヒレやサーロインの他に、パイナップル粕で育ったパイン牛などをステーキでご提供。黒毛和牛の中でも上質で最高級な宮崎牛はとろけるほどの柔らかさ、芳醇な旨味と甘味が至福の味わい。この機会に堪能してみては。

注文を受けてから目の前の鉄板で焼いてもらえる。

DATA **交通アクセス**／JR日豊本線「宮崎駅」から徒歩約15分 **住所**／宮崎県宮崎市清水1-2-3 渡辺ビル **電話**／0985-29-1848 **時間**／11:30～14:00(OS13:30)、17:30～22:00(OS21:30) **休み**／火曜 **料金**／ランチ980円～、宮崎牛サーロインステーキ(130g～)4,550円～ **駐車場**／2台

日南《にちなん》Sweets《すいーつ》 Factory《ふぁくとりー》 MITSUKO《みつこ》

最寄りの寺社 榎原神社

厳選された上質なクリームチーズや新鮮な卵、旬のフルーツを使い丁寧に愛情込めて作られるチーズケーキ専門店。中でも宮崎の素材を生かした完熟マンゴーや日向夏みかん、きんかんなどをはじめ、苺やチョコ、抹茶など珍しい10種類の極上チーズケーキセットは色々な味が楽しめると人気の商品。

お取り寄せもあるので日南の恵みを気軽に楽しめる。

DATA **交通アクセス**／JR日南線「飫肥駅」から車で約5分 **住所**／宮崎県日南市星倉1273-1 **電話**／0987-21-1585 **時間**／9:00～18:00 **休み**／不定休 **料金**／お楽しみチーズケーキセット10個3,633円～、日南チーズロール1,728円～、チーズプリン389円～ **駐車場**／30台

おぐら《おぐら》 旭ヶ丘店《あさひがおかてん》

最寄りの寺社 都農神社

宮崎の郷土料理ではかかせない元祖チキン南蛮の専門店「おぐら」。日向鶏の胸肉を揚げた柔らかくジューシーな食感のチキンに最高級のサラダ油でマヨネーズから手作りされる濃厚な秘伝のタルタルソースと伝統を受け継いだ甘酢をたっぷりかけて食べるボリュームたっぷりの本場チキン南蛮。

自家製全卵麺を使用したちゃんぽんもおすすめ。

DATA **交通アクセス**／JR日豊本線「旭ヶ丘駅」から徒歩すぐ **住所**／宮崎県延岡市旭ヶ丘2-1 **電話**／0982-37-0261 **時間**／11:00～22:00(OS21:30) **休み**／無休 **料金**／チキン南蛮1,026円、ちゃんぽん842円 **駐車場**／約40台

境内は城山の麓に位置し、社殿は山を背にして鎮座している。

鹿児島県

照國神社

テルクニジンジャ

Information

電話	099-222-1820
住所	鹿児島県鹿児島市照国町19-35
参拝時間	参拝自由（授与所は8:30〜17:00）
参拝料	なし
駐車場	50台（無料）
HP	http://www.terukunijinja.jp/

幕末の名君、慕われ続け鹿児島の総氏神様に

御祭神は江戸時代末期の薩摩藩主の島津斉彬《しまづなりあきら》。幕政改革に奔走し、西洋技術を導入して近代的な工場群を造成するなど、多大な事績を残した。また、西郷隆盛をはじめ、身分を問わずに人材を登用したことでも知られる。斉彬が没したあと、その遺徳を慕って神社を設立しようという運動が起こった。文久３年（１８６３）に勅命により「照國大明神」の神号を授かり、創建されたのが照國神社である。明治15年（１８８２）には別格官幣社に列格された。

存在感を放つ巨大な鳥居、風格ある神門や社殿など、その堂々たるたたずまいは地元内外の多くの人に愛され続けている。また神社そのものの人気に加えて、鹿児島市の繁華街からほど近く、交通アクセスが便利なこともあり、参拝者数は鹿児島県内で最大規模を誇る。そのために「鹿児島の総氏神様」ともよばれている。

境内のココに注目!

照國文庫資料館

島津斉彬ゆかりの品を展示。また、斉彬の事績や島津氏の歴史について、パネルや映像でわかりやすく解説。入場は無料。

PICK UP

絵馬には島津斉彬の花押が入る。書き込んだ願いは、殿様のお墨付き。500円。

国宝にも指定されている神社所蔵の太刀「國宗」を模した厄除お守り。700円。

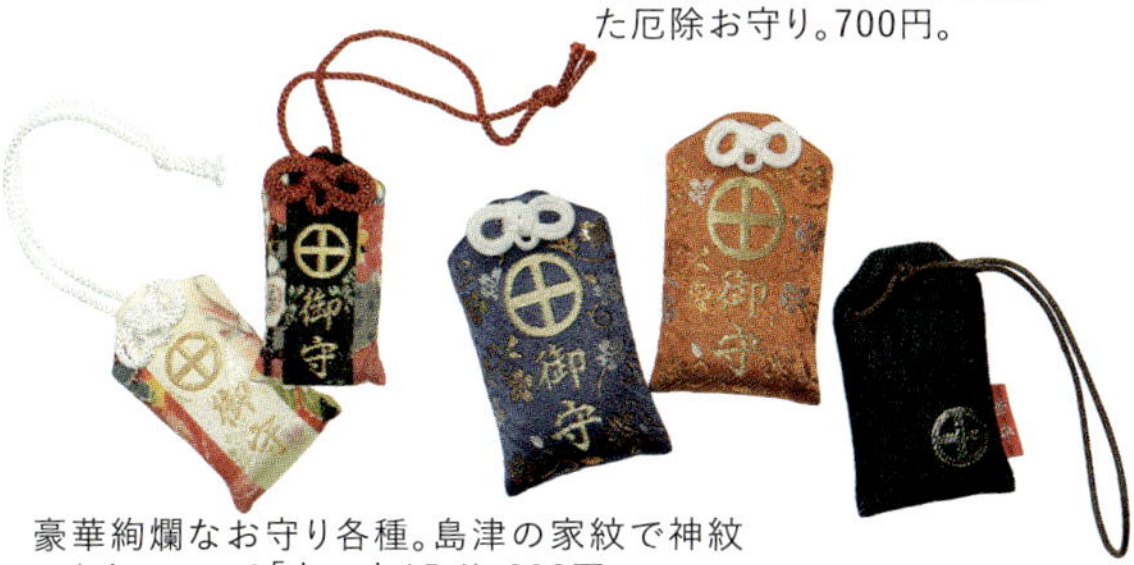

豪華絢爛なお守り各種。島津の家紋で神紋にもなっている「丸に十」入り。800円。

ご朱印

「照國神社」の文字と朱印によるシンプルな構成。武家の神社らしく質実剛健な雰囲気。名君の聡明さも伝わってくるようだ。

ご朱印料 … 300円
拝受時間 … 8:00 ～ 17:00

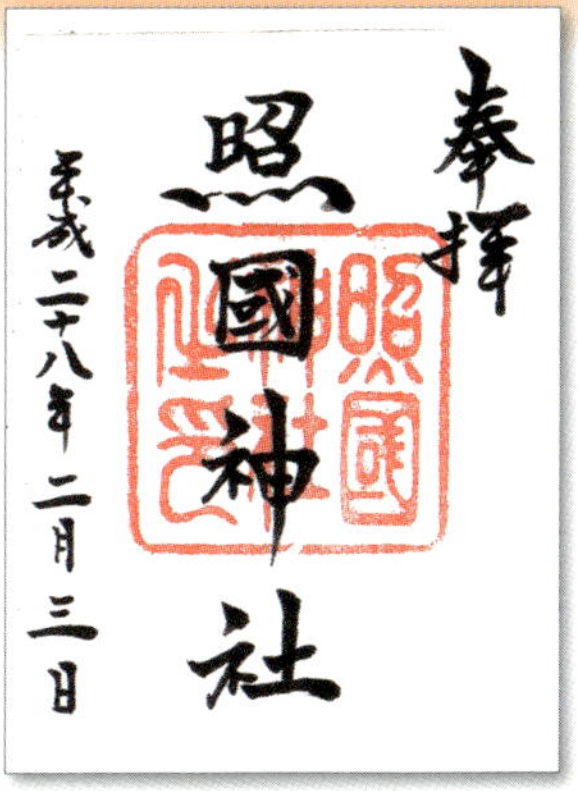

ACCESS

路面電車「天文館通」電停下車、徒歩で約5分

九州自動車道「鹿児島北」ICから車で約20分

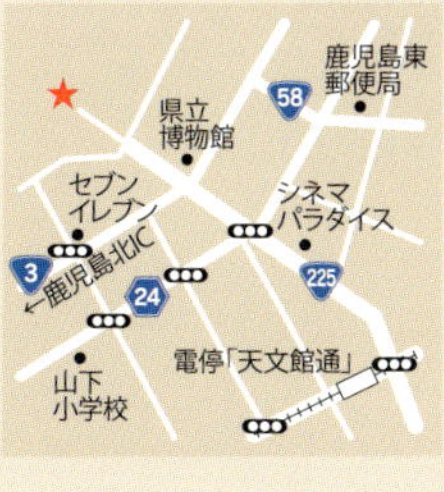

鹿児島の夏祭り「六月燈」は県下最大級で、多くの人で賑わう。

社殿の脇には庭園があり、斉彬の銅像も鎮座。大正6年の作。

「斉鶴」と名付けられたイヌマキの木。鶴が羽を広げたような形。

鹿児島県

松原神社

マツバラジンジャ

ビル街の中に風格のある社殿。神紋は島津家ゆかりの「丸に十字」。

Information

電話　099-222-0343
住所　鹿児島県鹿児島市松原町3-35
参拝時間　参拝自由
参拝料　なし
駐車場　50台（参拝者用は無料、別に有料駐車場も併設）
HP　http://matsubara-jinja.sakura.ne.jp

戦国時代の名君と歯の神様に出会える

南九州随一の繁華街である天文館のすぐ南側に位置する。主祭神の靖國崇勲彦《くにむけいさたかひこの》命《みこと》（島津貴久《しまづたかひさ》）は島津家中興の祖といわれ、また乱世の戦国時代末期に薩摩を治めたことから、文化鎮護の神としても崇敬されている。松原神社は貴久が弘治3年（1567）に建立した松原《しょうげん》山南林寺《さんなんりんじ》を前身とする。この寺には貴久の肖像画を奉安した徳宝殿も作られ、菩提寺として大事にされてきた。その後、明治2年（1869）に廃寺となり、松原神社と改号して現在に至る。

境内には、貴久家臣の平田純貞《すみさだ》を祀った歯の神様も鎮座。自らを船に釘付けにして海に流させて殉死し、その際に読経と歯軋りの音が三日三晩続き、純貞の歯がすべて抜け落ちたという逸話に由来する。毎年6月4日には「歯の感謝祭」を実施。歯科医療関係者が参列し、抜歯などを供えて歯科予防治療の発展を祈る。

境内の
ココに注目!

殿様そばに仕える歯の神様

貴久に寄り添うように、本殿横に歯の神様を祀る。入口には鍵がかかっているが、社務所に声をかければお詣りできる。

PICK UP

厄除けで訪れる人も多い。陰陽道の星ごとに9種の絵馬がある。

「結びまもり」が人気。相殿神には高御産巣日之神など縁結びの神様も。700円。

存在感ある神紋が入るお守り。健康や交通安全など、ご利益はいろいろ。

ご朱印

お札(日本銀行券)などで使われている隷書体の文字と、篆書体の朱印の組み合わせが特徴的だ。丸に十字の神紋も入る。

ご朱印料 … 500円
拝受時間 … 9:00 ~ 17:00

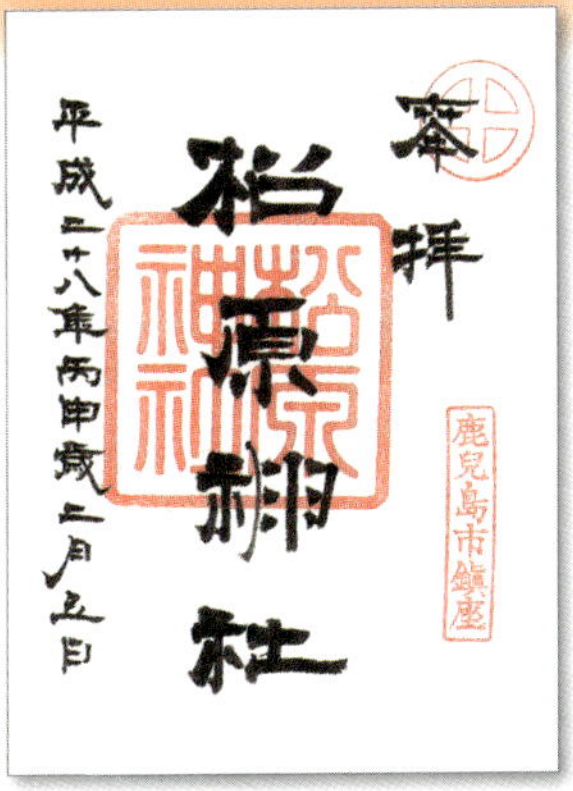

ACCESS

路面電車「天文館通」電停下車、徒歩で約8分

九州自動車道「田上」IC から車で約15分

幕末の志士が多く訪れた。写真は大久保利通が奉納した石灯籠。

蒲團石。精神修養のために貴久が座禅を組んだと伝えられる。

卸売市場の守護神である市場神社。7月3日に関係者が祈願する。

鹿児島県

豊玉姫神社

トヨタマヒメジンジャ

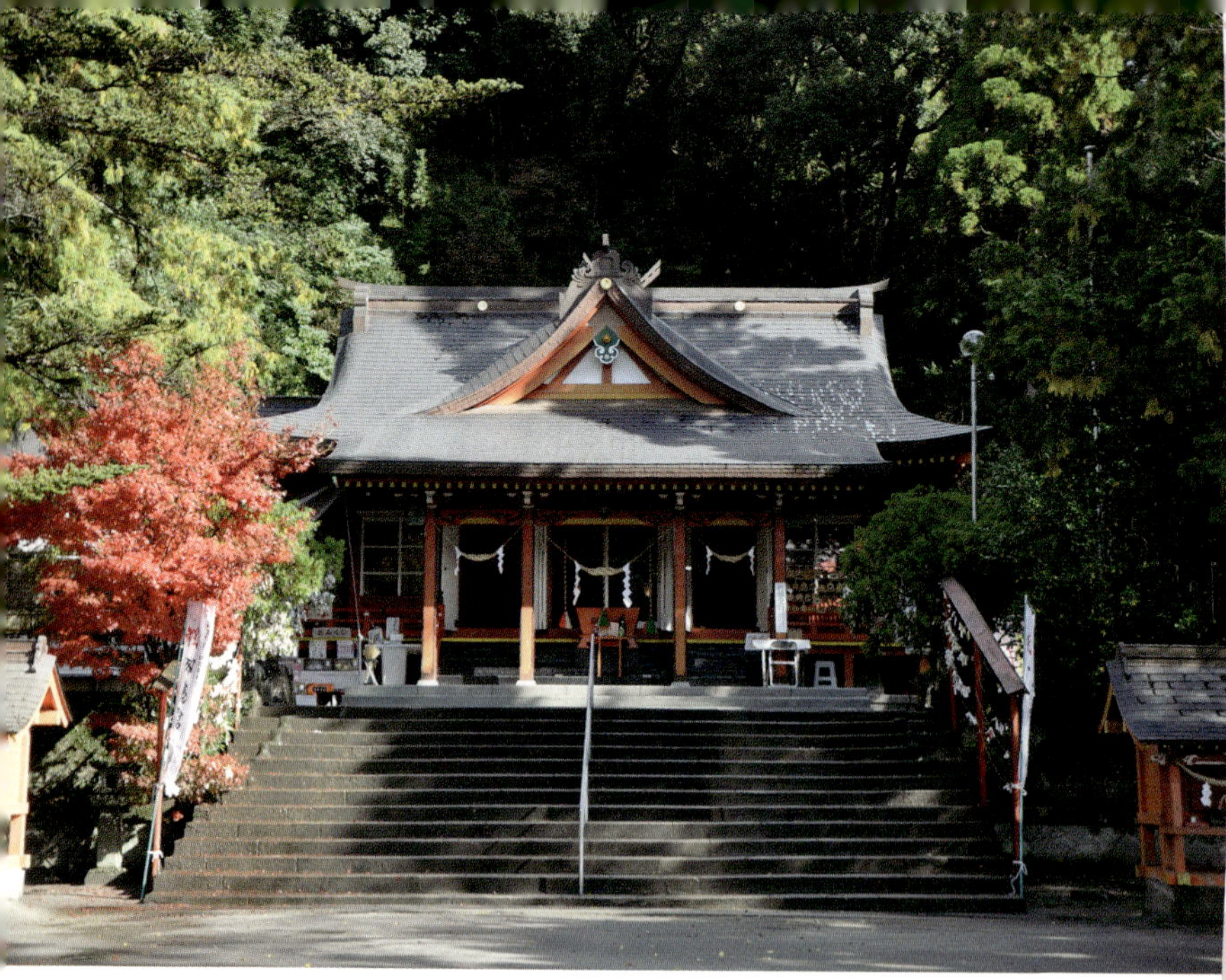

こんもりとした鎮守の森に朱塗りの社殿を構える。社殿は昭和15年造営。

Information

電話	0993-83-4335
住所	鹿児島県南九州市知覧町郡16510
参拝時間	参拝自由
参拝料	なし
駐車場	50台（無料）
HP	なし

海の女神が訪れてこの地を守り続けている

主祭神の豊玉姫命は海神《わたつみ》の娘で、彦火火出見命《ひこほほでみのみこと》（火《ほ》遠理命《おりのみこと》、山幸彦）の后になった神話で知られている。知覧《ちらん》には豊玉姫が住んだという伝承があり、崩御後に祀ったのが神社の起こりと伝わる。創建年代は不明だが長い歴史があると考えられ、「中宮大明神」などの旧称が室町時代の記録に残る。神社から2kmほど東には豊玉姫陵とよばれるものも。かつてはこの場所に神社があったが、慶長15年（1610）に現在地へと遷された。

鎮守の神として知覧の住民に信仰され続けているほか、航海・交通・漁業の守り神としても人気が高い。船出の際に、護符を受けて身につければ安全と幸福が得られるといわれている。また、豊玉姫は産殿の屋根を葺き終わらないうちに子（鵜葺草葺不合命《うがやふきあえずのみこと》）を産んだというエピソードもあることから、安産の神様としても崇敬されている。

境内のココに注目!

夏祭りの水からくり

7月に開催される六月灯の中で、水車動力を利用したカラクリ人形を上演。江戸時代から続くもので、国の選択無形民俗文化財。

PICK UP

絵馬は社殿を描いたものをはじめ数種あり。安産や健康の祈願も多い。300円。

交通安全祈願で訪れる人も多く、車につけるステッカー類も豊富に用意。600円～。

お守りには「鏡に勾玉」の神紋が入る。種類も豊富で様々な祈願に対応。600円～。

ご朱印

やや大きめの角印はなかなかの存在感。書き文字と併せて「豊玉姫神社」という神社名が迫ってくる感じだ。在所も黒印で明記。

ご朱印料 … 300円
拝受時間 … 9:00 ～ 17:00

奉拝
豊玉姫神社
豊玉姫神社
平成二十八年二月十八日
南九州市知覧町郡鎮座

ACCESS

バス　バス停「知覧」下車、徒歩で約10分

車　指宿スカイライン「知覧」ICから車で約15分

境内には知覧領主が奉納したという夫婦銀杏が立つ。紅葉が見事。

木製の歯車による仕掛けで、手足や首などの細やかな動きを実現。

旧社跡は水田が広がる。その中に豊玉姫陵だけが残っている。

鹿児島県

枚聞神社

ヒラキキジンジャ

老木に囲まれた二の鳥居から勅使殿をのぞく。全体的に左右対称の作り。

Information

電話	0993-32-2007
住所	鹿児島県指宿市開聞十町1366
参拝時間	参拝自由
参拝料	なし
駐車場	300台（無料）
HP	なし

絢爛な社殿の向こうには薩摩富士・開聞岳

古くから薩摩国の一宮として崇敬され、社伝によると創建は神代。平安時代の歴史書「日本三代実録」では貞観2年（860）にその名が登場する。かつては「開聞《ひらききの》宮《みや》」とも称され、開聞岳をご神体としていた。当初はもっと山の近くに位置していたが、大噴火の影響で現在の場所に遷されたという。神社は参道から社殿、背後の開聞岳まで一直線に並ぶように建てられていて、開聞岳山頂には奥宮の御嶽神社がある。

主祭神は大日孁貴命《おおひるめむちのみこと》（天《あま》照大神《てらすおおみかみ》）で、ほかに天之忍穂《あめのおしほ》耳命《みみのみこと》や天津彦根命《あまつひこねのみこと》といったスサノヲとの誓約で生まれた八柱の神も併せて祀る。その中には海の守り神である宗像三女神《むなかたさんじょしん》も含まれている。一方で、豊玉彦《とよたまひこ》（海神《わたつみ》）や豊玉姫《とよたまひめ》などの龍宮伝説と関わりの深い神が祀られていたとする記録も。航海安全・交通安全・漁業守護の神として厚く信仰されている神社だ。

境内のココに注目!

松梅蒔絵櫛笥(くしげ)

宝物殿で展示される「玉手箱」とも称される室町時代の化粧箱で、中には23の化粧道具を収納。国の重要文化財指定。

PICK UP

鳥居・社殿・開聞岳が並ぶ構図の絵馬。奥行きを感じさせ、美しい。300円。

ご朱印帳の表紙には開聞岳。濃紺と薄い藤色の2色から選べる。1,200円。

龍宮や玉手箱が描かれる。写真中央のお守りは裏面に社殿の写真入り。800円〜。

ご朱印

シンプルな構成で、境内の優美なたたずまいを思わせる上品な雰囲気をまとう。右上には「薩摩一宮」の印も押されている。

ご朱印料 … 300円
拝受時間 … 9:00 〜 17:00

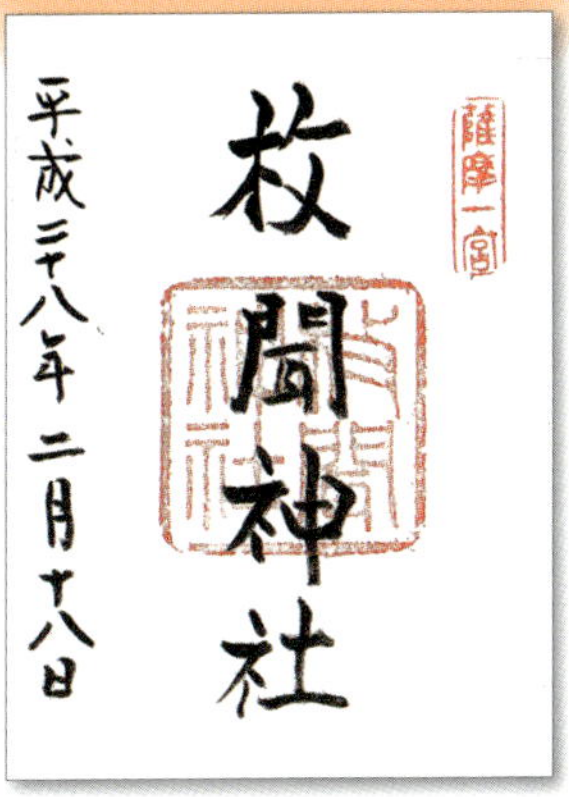

ACCESS

電車 JR指宿枕崎線「開聞駅」下車、徒歩で約10分

車 指宿スカイライン「頴娃」ICから車で約15分

参道から枚聞神社を望むと、視線の先にはちょうど開聞岳の頂上。

極彩色の朱塗りの社殿は、慶長15年(1610)に島津義弘が寄進。

天智天皇が白馬で訪れたという伝説から、境内には神馬像がある。

神秘的な気配を放つ三の鳥居。杉並木の参道を抜けて奥の社殿へ。

鹿児島県

霧島神宮

キリシマジングウ

Information

電話	0995-57-0001
住所	鹿児島県霧島市霧島田口2608-5
参拝時間	参拝自由（社務所は8:00～17:30）
参拝料	なし
駐車場	500台（無料）
HP	http://www.kirishimajingu.or.jp/

重要文化財

神々が降り立ったと伝わる霊峰の神聖な気が満ちる地

天孫降臨伝説の残る高千穂峰の麓に位置し、天饒石国饒石天津日高彦火瓊瓊杵《ににぎの》尊《みこと》を主祭神とする。創建は欽明《きんめい》天皇の時代（6世紀）とされ、当初は高千穂峰に社殿があったという。たびたび噴火の被害があることから高千穂河原へと遷されるが、文暦元年（１２３４）の大噴火で焼失してしまい、文明16年（１４８４）に現在の地へ再興された。高千穂河原には、神社遺構（古宮址）が今も残っている。

現在の社殿は、薩摩藩4代藩主の島津吉貴の寄進で正徳5年（１７１５）に建てられたもの。朱漆塗りの柱や梁、派手な浮き彫りなど、内部まで装飾が凝らされた豪華な作りから「西の日光」とも称される。また、広大な境内では、3月下旬～4月上旬は桜、5月中旬はミヤマキリシマ、盛夏は深緑の木々、11月下旬は紅葉……と季節ごとの鮮やかな光景を楽しめる。

境内のココに注目!

御神木に神様現る

社殿近くに推定樹齢約800年の御神木がある。この杉の高さ8mのところには神様がいるという。枝の上に姿が見える!?

PICK UP

数種ある絵馬のひとつで、新婚旅行に訪れた坂本竜馬夫妻にちなんだもの。600円。

表紙には霧島神宮の社殿が描かれる。別売のご朱印帳入れも2種あり。1,000円。

飾りの花はミヤマキリシマ。ほかに神社所蔵の面をかたどったものもある。600円～。

ご朱印

「天孫降臨之地」の文字が力強い。右上の小さな印は「天壌無窮」。「天孫の霊統を継ぐ者の栄えが天地と同じように永遠であれ」の意。

ご朱印料 … 300円
拝受時間 … 8:00 ～ 17:30

ACCESS

バス：バス停「霧島神宮」下車すぐ

車：九州自動車道「溝辺鹿児島空港」ICから車で約40分

朱塗りの巨大な社殿には豪華な装飾。国の重要文化財に指定。

本殿の裏手にある山神社。鳥居をくぐると、そこはまるで異世界。

夏になると水量が増す不思議な小川。旧参道の亀石坂の下にある。

鹿児島県

蒲生八幡神社

カモウハチマンジンジャ

旧名は「正八幡若宮」。生命感あふれる鎮守の森の中に社殿が鎮座。

Information

電話	0995-52-8400
住所	鹿児島県姶良市蒲生町上久徳2259-1
参拝時間	参拝自由
参拝料	なし
駐車場	20台（無料、9:00～17:00）
HP	http://www.kamou80000.com/

境内にそびえ立つ御神木は迫力ある日本一の巨樹

推定樹齢1500年以上の「日本一の巨樹 蒲生八幡神社の大楠」が圧倒的な存在感を放つ。この大樹は国の特別天然記念物に指定されていて、昭和63年（1988）に行った環境庁の巨樹・巨木林調査により「日本一の巨樹」にも認定されている。和《わ》気清麻呂《けのきよまろ》が杖を大地に刺し、それが根付いて成長したものという伝説も残り、創建時にはすでに御神木として祀られていたという。本殿・拝殿は大楠と並ぶように配置され、主祭神は応神《おうじん》天皇・仲哀《ちゅうあい》天皇・神功《じんぐう》皇后。応神天皇は商工・学問・芸術の神として信仰され、神功皇后には安産のご利益がある。神社創建は保安4年（1123）。この地を領有した蒲生氏の初代当主が豊後国（現在の大分県）にある宇佐八幡宮を勧請したことに始まる。戦国時代に島津氏の支配下となったあとも、島津義弘《しまづよしひろ》が社殿を再興するなど代々大事にされてきた。

境内のココに注目!

巨木のそばでひと休み

大楠のすぐ近くには社務所を兼ねたカフェもある。2階の和室は展望席となっていて、間近にのぞむ大楠は迫力あり!

PICK UP

絵馬も大楠。勢いのある絵柄で、願いごとが巨木のように大きく育ちそう。500円。

木札守。手入れの際にやむなく落とされた、大楠の枝から作られている。1,500円。

大楠にあやかって、健康や長寿のご利益あり。八幡様は武の神でもある。1,000円。

ご朱印

神社のシンボルである「日本一の大楠」の文字が入る。全体的にシンプルな構成だが、力強い雰囲気。大楠のパワーを感じさせる。

ご朱印料 … 300円
拝受時間 … 9:00 ～ 17:00

日本一の大楠
蒲生八幡神社
平成二十八年二月三日

ACCESS

バス停「蒲生支所前」下車、徒歩で約5分

九州自動車道「姶良」ICから車で約11分

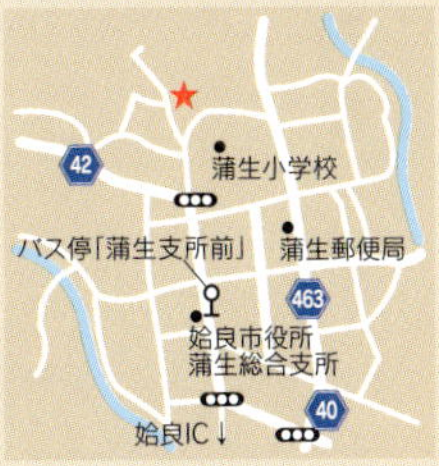

大楠は高さ約30m、根回り約33m。見上げれば、枝葉が空を覆う。

117枚の銅鏡、5つの王面を所蔵。社務所内のカフェで一部展示。

江戸時代の社殿に使われていたという石造りの鬼瓦も残っている。

鹿児島県

箱崎八幡神社

ハコザキハチマンジンジャ

神門では大鈴が目に飛び込んでくる。触れてご利益のある「撫で鈴」も。

Information

電話	0996-62-2219
住所	鹿児島県出水市上知識町46
参拝時間	参拝自由(社務所、宝物殿は9:00～17:00)
参拝料	なし
駐車場	100台(無料)
HP	http://istar.sakura.tv/hakohachi

大きな大きな鈴の音が幸運を呼び寄せる

薩摩国と肥後国との国境近くにあり、国境鎮護の神社として古くから崇敬されている。主祭神は応神《おうじん》天皇、神功《じんぐう》皇后、武内宿禰《たけのうちのすくね》。

創建は鎌倉時代初期に遡る。島津氏始祖の島津忠《しまづただ》久《ひさ》が任地の薩摩に赴く際に、筑前博多の沖で難破しそうになったところを近くの筥崎宮に願をかけて難を逃れた。この縁から勧請したのが始まりとされる。また、一説によれば、元軍が襲来した弘安の役(1281年)で戦勝を祈願し、凱旋後に勧請したともいわれている。

名物は「成せば成(鳴)る大願成就の大鈴」と名付けられた日本一の大鈴。伊勢神宮御鎮座2000年と今上天皇御即位10年を記念して作られたものである。大鈴は神門に架けられていて、参拝客は鈴を鳴らしてから拝観する。また、春になると一斉に咲き誇る参道の梅並木も名所。

境内のココに注目!

日本一の大鈴

大鈴は高さ4m、直径3.4m、重さは5t。青銅製で表面は総金箔張り。出水は鶴の飛来地としても知られ、鶴の浮き彫りもある。

PICK UP

鈴にちなんだ縁起物も多数あり。土鈴(座布団付き)などが人気。

神社と縁の深い大鈴と鶴で飾られたご朱印帳。いかにも縁起が良さそう。

お守りも鈴づくし。古来より鈴には邪気を祓う力が宿るとされている。

ご朱印

「日本一の大鈴」と「薩摩国境守護神」のほかに左三つ巴の神紋の朱印も入る。武家の信仰の厚い八幡神社らしく、力強い雰囲気だ。

ご朱印料 … 300円
拝受時間 … 9:00 ～ 17:00

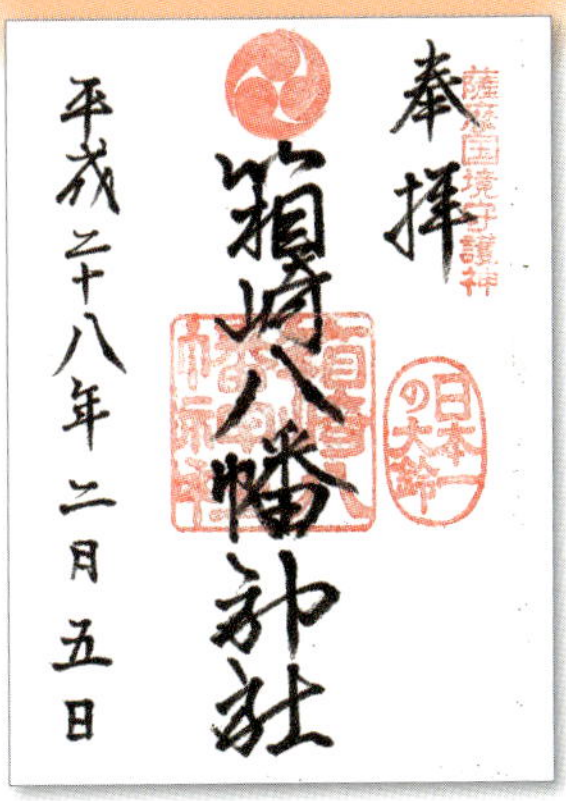

奉拝
薩摩国境守護神
箱崎八幡神社
日本一の大鈴
平成二十八年二月五日

ACCESS

バス停「八幡神社前」下車、徒歩で約5分

九州新幹線「出水駅」から車で約5分

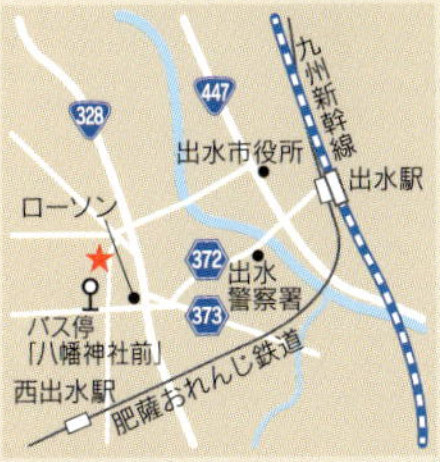

大鈴を模した宝物鈴殿。三十六歌仙図や東郷平八郎の書などを展示。

武人に愛されてきた神社らしく、社殿は質実剛健なたたずまい。

鶴神様(つるかんさぁ)。鶴を抱く武内宿禰に健康長寿を願う。足元には撫亀と撫鶴。

蒲生茶廊ZENZAI《かもうさろうぜんざい》

最寄りの寺社 蒲生八幡神社

訪れる人を、立派な武家門が出迎えてくれる趣たっぷりのカフェ。築100年以上の武家屋敷がそのまま生かされた店内は、モダンなアートやインテリアがセンスよく配置され、ゆっくりとくつろげる。お店の一番人気は「曲げわっぱランチ」(1,280円)。化学調味料を一切使わずに、自家栽培や地元産の野菜を中心とした厳選素材で、丁寧にこしらえた料理が彩り豊かに並ぶ。蒲生の大楠をモチーフにした「ZENZAIパフェ」(860円)などのスイーツも人気。

DATA **交通アクセス**/バス停「蒲生支所前」下車、徒歩で約5分 **住所**/鹿児島県姶良市蒲生町上久徳2425 **電話**/0995-52-1164 **時間**/11:00～17:00(OS16:30) **休み**/日・月曜(祝日は営業、翌日休み) **料金**/曲げわっぱランチ1,280円、ZENZAIパフェ860円 **駐車場**/7台

店内では不定期にアート作品の展示を行うことも。

耦祥庵《ぐしょうあん》

最寄りの寺社 箱崎八幡神社

店主自ら種まきから収穫まで手がけた蕎麦の実を石臼で挽き、毎朝その日の分だけ打った、こだわりの十割蕎麦が堪能できるお店。蕎麦本来の香りが楽しめ、癖になる味わい。

築80年以上の古民家で雰囲気も抜群。

DATA **交通アクセス**/九州新幹線「出水駅」から車で約7分 **住所**/鹿児島県出水市麓町10-33 **電話**/090-8299-6908 **時間**/11:00～蕎麦がなくなり次第終了、13:00～15:00甘味もの **休み**/月曜(祝日は営業、翌日休み)、ほか不定休あり **料金**/ざる蕎麦750円 **駐車場**/出水小学校正門前広場利用

知覧武家屋敷群《ちらんぶけやしきぐん》

最寄りの寺社 豊玉姫神社

江戸時代に薩摩藩の武士が住んだ屋敷が約700mの道沿いに立ち並ぶ、歴史情緒あふれるスポット。国の名勝にも指定される7つの日本庭園は一般公開されていて見学ができる。

薩摩の小京都ともよばれ、美しい生け垣と石垣が続く。

DATA **交通アクセス**/バス停「武家屋敷入口」下車、徒歩すぐ **住所**/鹿児島県南九州市知覧町郡 **電話**/0993-58-7878 **時間**/9:00～17:00 **休み**/無休 **料金**/拝観7庭園共通で500円 **駐車場**/なし※周辺有料駐車場利用

鹿児島県霧島アートの森《かごしまけんきりしまあーとのもり》

最寄りの寺社 霧島神宮

霧島連山の西に位置する、自然に囲まれた現代美術館。国内外の著名なアーティストが、霧島の自然や歴史にインスピレーションを受けてこの地で制作した、野外作品23点が広大な敷地に点在。併設のカフェには、屋外のアートを展望できるテラス席もあり、ゆっくりと芸術に親しめる。

DATA

交通アクセス／九州自動車道「栗野」ICから車で約20分　**住所**／鹿児島県姶良郡湧水町木場6340–220　**電話**／0995–74–5945　**時間**／9:00～17:00（入館～16:30）　**休み**／月曜（祝日は営業、翌日休み）、12月29日～1月2日　**料金**／常設展310円　**駐車場**／202台

色鮮やかな光が揺らぐ、タン・ダ・ウ作「薩摩光彩」。

YANO《やの》 CAKE《けーき》 TEN《てん》 MOKU《もく》

最寄りの寺社 照國神社、松原神社

かわいらしい雰囲気のお店に、常時15～20種類のケーキが並ぶ「YANO CAKE TEN MOKU」。名物はチーズケーキで、20数年継ぎ足して作り続けるサワークリームの旨みが味の決め手。素材にこだわることで実現した風味豊かなケーキを求めて、鹿児島内外から多くのファンが集まる。

DATA

交通アクセス／路面電車「天文館通」電停から徒歩約5分　**住所**／鹿児島市照国町10–19　**電話**／099–224–7045　**時間**／11:00～19:00　**休み**／月・火曜（祝日は営業、翌日休み）　**料金**／フランソワーズ350円、ベリー&ベリー・チーズ360円　**駐車場**／なし

フランソワーズや、ベリー&ベリー・チーズなどどれもおいしそう。

知林ヶ島《ちりんがしま》

最寄りの寺社 枚聞神社

錦江湾に浮かぶ無人島で、3月から10月までの大潮か中潮の干潮時に長さ約800mの「砂の道（ちりりんロード）」が出現し、歩いて渡ることができる。陸と繋がる島ということから縁結びのパワースポットとしても知られている。陸地側にそびえる標高215mの魚見岳から眺めるのもおすすめ。

DATA

交通アクセス／JR指宿枕崎線「指宿駅」から車で約15分　**住所**／鹿児島県指宿市西方　**電話**／0993–22–2111（指宿市観光課）　**時間**／散策自由　**休み**／3～10月の大潮か中潮の干潮時以外　**駐車場**／400台

砂州の出現時刻は「いぶすき観光ネット」をチェック。

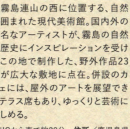

や

八代宮……………………………… 68
八代神社…………………………… 66
柞原八幡宮………………………… 76
代継宮……………………………… 22
榎原神社…………………………… 100

ら

龍峩山　佛山寺…………………… 90
蓮華院誕生寺　奥之院…………… 56

よりみちガイド インデックス

熊本

阿蘇スーパーリング……………… 62
お菓子の香梅　白山本店………… 40
熊本城……………………………… 40
桂花　本店………………………… 43
K DESIGN………………………… 63
五高記念館………………………… 41
コッコファーム　たまご庵……… 63
五郎八離れ………………………… 42
島田美術館………………………… 40
水前寺　東寿司…………………… 43
水前寺成趣園……………………… 41
鮨　福伸…………………………… 42
そば街道　花郷庵………………… 62
泰勝寺跡(立田自然公園)………… 41
鉄板焼　さんどう………………… 43
農家れすとらん　しのじの……… 42
のほほんcafe Bois Joli………… 62
古道具・手作り雑貨　つむぐ…… 63

大分

宇佐からあげ……………………… 92
大分県立美術館(OPAM)………… 93
大分マリーンパレス水族館「うみたまご」92
岡本屋売店………………………… 92
chou chou de モネ……………… 93
名苑と名水の宿　梅園　Café&Barえんじ 93

宮崎

おぐら　旭ヶ丘店 ……………… 109
こどものくに……………………… 108
ステーキハウス　アンガス……… 109
高千穂あまてらす鉄道…………… 108
日南Sweets Factory MITSUKO 109
宮崎県立平和台公園……………… 108

鹿児島

鹿児島県霧島アートの森………… 125
蒲生茶廊ZENZAI………………… 124
耦祥庵……………………………… 124
知覧武家屋敷群…………………… 124
知林ヶ島…………………………… 125
YANO CAKE TEN MOKU…… 125

寺社インデックス

あ

青井阿蘇神社………………………… 70
青島神社……………………………… 96
足手荒神（甲斐神社）…………… 38
阿蘇山本堂西巖殿寺　奥之院…… 48
阿蘇白水龍神權現………………… 52
天岩戸神社………………………… 104
粟嶋神社……………………………… 64
出水神社(水前寺成趣園鎮座)…… 20
浮島熊野坐神社…………………… 36
宇佐神宮……………………………… 84
鵜戸神宮……………………………… 98
雲巌禅寺（岩戸観音）…………… 30
永国寺………………………………… 72
大津日吉神社……………………… 54
大宮神社……………………………… 58

か

加藤神社……………………………… 12
蒲生八幡神社……………………… 120
河尻神宮……………………………… 34
北岡神社……………………………… 26
霧島神宮……………………………… 118
草部吉見神社……………………… 50
熊本県護国神社…………………… 16
熊本城稲荷神社…………………… 14
健軍神社……………………………… 32
小一領神社………………………… 46
護国山　金剛乗寺………………… 60

さ

西寒多神社………………………… 78

た

高千穂神社………………………… 102
髙橋稲荷神社……………………… 28
都農神社……………………………… 106
照國神社……………………………… 110
豊玉姫神社………………………… 114

な

中津大神宮………………………… 82

は

箱崎八幡神社……………………… 122
早吸日女神社……………………… 80
枚聞神社……………………………… 116
富貴寺………………………………… 86
藤崎八旛宮………………………… 18
幣立神宮……………………………… 44
火男火賣神社……………………… 88
本妙寺………………………………… 24

ま

松原神社……………………………… 112
宮崎神宮……………………………… 94

STAFF

取材・文

高峯　朋美　　後藤奈々子　　野田　朋子
山村　春奈　　松崎　淳子　　内田　保知
新森　雄大
川島こずえ(メディアボックス)
有田　知永(アイロード)

デザイン

家入　志保　　松坂　裕樹　　本田　佳代
上嶋佐知代

撮　影

守田　義郎　　山村　春奈　　松崎　淳子
内田　保知　　新森　雄大
森松　悦子(メディアボックス)
みちくさ編集部
写真提供：ピクスタ

編　集

「旅ムック」編集部　井口　昌武
(TEL.096-339-8555)

熊本・大分&南九州　ご朱印めぐり旅　乙女の寺社案内

2016年4月30日　第1版・第1刷発行
2019年7月10日　第1版・第3刷発行

著　者　「旅ムック」編集部（たびむっくへんしゅうぶ）
発行者　メイツ出版株式会社
代表者　三渡　治
〒102-0093 東京都千代田区平河町一丁目1-8
TEL：03-5276-3050（編集・営業）
03-5276-3052（注文専用）
FAX：03-5276-3105
印　刷　株式会社厚徳社

メイツ出版ホームページアドレス　http://www.mates-publishing.co.jp/
編集長：折居かおる　　企画担当：折居かおる　　制作担当：千代寧